Mil e uma noites,
Mil e uma iguarias

Mil e uma noites, Mil e uma iguarias

Rosa Belluzzo

Fotos de
Romulo Fialdini

editora unesp

Direitos de publicação reservados à:
Fundação Editora da Unesp (FEU)
Praça da Sé, 108
01001-900 – São Paulo – SP
Tel.: (0xx11) 3242-7171
Fax: (0xx11) 3242-7172
www.editoraunesp.com.br
www.livrariaunesp.com.br
feu@editora.unesp.br

Dados Internacionais de Catalogação na Publicação (CIP)
Odilio Hilario Moreira Junior CRB-8/9949

B449m

Belluzzo, Rosa

Mil e uma noites, mil e uma iguarias / Rosa Belluzzo. – São Paulo: Editora Unesp, 2017.

Inclui bibliografia.

ISBN: 978-85- 393-0672-5

1. Gastronomia. 2. Culinária. 3. Culinária Árabe. 4. Mundo Árabe. I. Título.

2017-157 CDD 641.59
CDU 641.5

Editora afiliada:

Asociación de Editoriales Universitarias de América Latina y el Caribe

Associação Brasileira de Editoras Universitárias

Sumário

Tradução de As mil e uma noites, *de Antoine Galland, 1706.*

Prefácio

As mil e uma noites sempre representaram o estrangeiro, aquilo que está além do horizonte cotidiano e causa surpresa ao mesmo tempo que irresistivelmente fascina, atrai e encanta.

O trajeto da recepção ocidental a essas histórias magníficas só confirma essa impressão: bem ao início do século XVIII sai o primeiro volume da tradução francesa e imediatamente toda a Europa é enfeitiçada por seu exotismo e procura sem pudor reproduzir aquele estilo narrativo e literário. A tal ponto que todas as grandes mentes da época, de uma ou outra forma, dedicam-se a cultivar contos e novelas em "padrão árabe" – em outras palavras, o modelo sugerido por aquele livro inebriante. Tanto assim que, por volta de 1730, em resposta à constância da influência oriental, começam a surgir paródias daquele arquétipo, algo que se explica justamente por sua intensa popularidade.

Talvez mais dramática e interessante do que a inflamada absorção desse texto logo após a publicação da versão de Galland, porém, seja sua persistência no cânon e sua presença ainda hoje verificável no imaginário erudito ou popular.

Isso nos leva à pergunta: o que há de atraente nessas histórias (aparentemente) tão apartadas de nosso dia a dia? Não é fácil destacar algum elemento nesse magnífico emaranhado. O imaginário não tem limites espaciais e temporais, e os contos d'*As mil e uma noites* honram esse traço, criando uma névoa aliciante que imperceptivelmente se agarra à pele do leitor. Tão marcante quanto indistinguível, pode-se ter a certeza de sua força, mas não de seus contornos.

No que se segue, selecionamos um dos componentes desse ambiente mágico: a presença sensual dos sabores culinários que tão insistentemente habitam as mesas dos sultões e de seus súditos. Mas esta não é nem pretende ser uma incursão metódica na riquíssima paisagem gastronômica do império de Harum al-Rashid e contemporâneos. O objetivo aqui é muito mais modesto e se restringe não à exposição, mas à participação na atmosfera densamente perfumada que é uma das forças daquele livro. Cedamos à tentação! Partilhemos os encantos desse universo mais acessível às sensações que às palavras.

Os editores

Sherazade, *ilustração de V. F Sterret, 1928.*

Um acontecimento fundamental na história das nações ocidentais é a descoberta do Oriente. Seria mais exato falar em uma consciência do Oriente, contínua, comparável à presença da Pérsia na história grega. Além dessa consciência do Oriente – algo vasto, imóvel, magnífico, incompreensível –, há altos momentos, e vou enumerar alguns, o que me parece conveniente, se quisermos entrar nesse tema pelo qual tenho tanto apreço, um tema que me encanta desde a infância, o tema do Livro das mil e uma noites, *ou, como ele foi chamado na versão inglesa – a primeira que eu li –,* The Arabian Nights: Noites árabes. *Também tem seu mistério, embora o título seja menos belo que o do* Livro das mil e uma noites.[1]

JORGE LUIS BORGES

1 Borges, *Borges oral & sete noites*, p.125.

Ida Rubinstein no papel de Zubaida, *ilustração de Jacques-Émile Blanche, 1911.*

Introdução

Ao longo dos séculos, contadores árabes recopiaram e embelezaram estas fábulas indo-iranianas islamizadas, adaptando-as ao seu ambiente cultural, ao mesmo passo que introduziam acréscimos, posteriores ao corpus *de histórias da Arábia pré-islâmica, do antigo Egito, dos gregos, dos sírios, dos hebreus, dos zoroastristas e dos sufis. A partir dessas diversas fontes, de inspiração islâmica e pré-islâmica, os autores sucessivos das* Mil e uma noites *esculpiram uma obra original [...].*[1]

Os contos das Mil e uma noites nos remetem a um universo imagético e literário com raízes na antiga tradição oral de diferentes culturas orientais, provavelmente de origem indo-persa, em um amálgama cuja complexidade não pode ser menosprezada e que chama a atenção de todos aqueles que se debruçaram sobre suas múltiplas contribuições.

As narrativas, que eram transmitidas oralmente de geração em geração, foram afinal consolidadas, manuscritas, traduzidas e difundidas entre os séculos VIII e XIII em Bagdá, durante o apogeu do Império Abássida. Entretanto,

1 Bancourt, *Les Mille et une nuits et leur trésor de sagesse*, p.16.

a organização dos textos leva a espacialidades e temporalidades difusas, não circunscritas ao período dos omíadas ou dos abássidas, como veremos adiante, e engloba não apenas Cairo, Pérsia e Damasco.

O livro foi se formando de maneira multifacetada na vida cultural daquele Oriente até certo ponto impalpável, veiculando a mitologia, as crenças, os hábitos e o refinamento de uma civilização, ou melhor, de um grandioso conjunto cultural que abrange lugares tão díspares como a Índia, a China, a Pérsia, o Egito. Os contos que compõem tal conjunto prodigioso representam um cotidiano estabelecido, por vezes mágico, e quase sempre ambientado em paisagens pitorescas, jardins floridos e pomares que nos remetem ao paraíso.

A trama unificadora é bem conhecida. Desde a primeira compilação persa, possivelmente do século VIII, intitulada *Hazâr Afsâna* (Mil contos), deparamo-nos com a história de Sherazade, "a narradora da língua de mel", e do sultão Shahriar. Tudo começa quando o sultão descobre a traição de sua primeira esposa e ordena sua morte. Por fim, desencantado com a infidelidade feminina, mas nem por isso disposto ao celibato, decide desposar uma virgem a cada dia, apenas para mandar matá-la após a primeira noite. O vizir, incumbido de procurar novas consortes, vê-se sem outra alternativa e, naturalmente a contragosto, aceita a sugestão de sua própria filha, Sherazade, que se candidata ao sacrifício aparentemente inevitável.

A princesa, contudo, engendra um estratagema para não ser morta; realizado o casamento, a cada noite ela narra um novo conto ao sultão, interrompendo-o ao amanhecer. Como Shahriar se encontra completamente absorvido pelo relato, poupa-a da morte e implora que ela dê continuidade à história. É assim que o sultão e, paralelamente, o leitor se veem enredados pelo universo que vai se formando à sua frente, o qual veicula o cenário enriquecido de ma-

Sherazade, a filha do grão-vizir, conta histórias ao rei Shahriar, *de Anton Pieck, 1943*.

gia e sedução que se entrelaça ao livro.

Nesse formato, como um *tableau* da imagética árabe, os contos chegam ao Ocidente. François Antoine Galland fez a primeira tradução europeia, para o francês, entre 1704 e 1717, e desde então surgiu um significativo número de versões por toda a Europa. Tal *corpus* literário deixou, desse modo, de ser uma joia cativa do público oriental, transformando-se em elemento essencial do tesouro cultural da humanidade. As histórias das *Mil e uma noites* se desenrolam nas cidades de Bagdá, Damas, Bósforo, Alepo e Cairo. Bagdá, em particular, capital do Império Abássida, é um dos ambientes privilegiados e, entre os potentados que a governaram, encontramos o califa Haroun al-Rashid (763-809), personagem recorrente dos contos d'*As mil e uma noites*.

Trata-se de um protagonista histórico, governante poderoso e bem-sucedido que estimulou o florescimento cultural e contribuiu para o desenvolvimento da ciência, da literatura e da música.

Foi no contexto de seu califado que se desenvolveu entre a elite árabe o culto à boa culinária, com forte influência da cozinha persa. Haroun al-Rashid apoiou ainda as relações comerciais com a China, a Pérsia, a Índia e a África do Norte, propiciando o conhecimento de uma infinidade de plantas, especiarias, ervas, legumes e verduras. Tais condições materiais permitiram o cultivo de uma gama de sabores para temperar e perfumar as mais requintadas iguarias.

As especiarias extrapolavam a culinária, sendo utilizadas também na fabricação de perfumes ou como ervas medicinais e afrodisíacas. Entre elas destacavam-se: a pimenta, o cravo, a canela, o cominho, a noz-moscada, o gergelim e o açafrão; também as ervas odoríficas, como o gengibre, a camomila e a hortelã; as essências do narciso e do jasmim, do aloé, do âmbar e do almíscar. Entre os cítricos, o limão, a lima e as laranjas; as frutas secas como as amêndoas, as nozes, os pinhões e os pistaches, predominantes no repertório das receitas árabes. Esse inebriante panorama gastronômico merece atenção por contribuir para o despertar sensual dos contos das *Mil e uma noites*.

A lentilha – norte do Iraque ou Síria,
De materia medica*, de Dioscórides, 1229.*

Miniatura persa do livro de Muraqqa-e Golshan, *1605-1628.*

[...] existe um jardim que contém tudo o que pode seduzir os olhos e adoçar a boca. [...]
[Há] uma porta em arco, bela como a porta do Paraíso, formada por listas alternadas de mármores coloridos, sombreada por trepadeiras pesadas com uvas vermelhas e pretas, brancas e douradas, como disse o poeta:
Oh cachos de uvas inchadas de vinhos, deliciosas como doces gelados e vestidas de negro como corvos. [...]
O céu generoso carrega com abundância minhas árvores com galhos pendentes sob o peso de seus frutos. E você verá quando os ramos balançam, dançando, levados pelos dedos leves do Zéfiro, e as Plêiades radiosas lançam a eles, à mão cheia, o ouro líquido e as pérolas das nuvens.
[...] as belas águas que serpenteiam por entre as flores e só as abandonam com tristeza, as plantas pesadas com seus perfumes, as árvores fatigadas por suas joias, os pássaros canoros, os bosquetes de flores, os arbustos de especiarias, e tudo o que faz desse maravilhoso jardim um lugar especial entre os jardins paradisíacos.[2]

2 *Le Livre des mille et une nuits* (trad. Mardrus), v.4, p.372-3.

Perto da lagoa, plantar-se-ão montanhas sempre verdes, de todas as espécies que encantam os olhos e, mais adiante, flores variadas e árvores de folhas duradouras. Videiras bordearão o campo, e na parte central treliças sombrearão passagens que cingirão os canteiros de flores como uma margem. No centro será instalado, para as horas de descanso, um quiosque que se abrirá por todos os lados; será cercado por rosas trepadeiras, murtas e todas as flores que emprestam beleza aos jardins; ele vai ser mais longo do que largo, de modo que os olhos não se sentirão cansados ao olhá-lo. Em sua parte inferior, haverá um edifício principal para os hóspedes que vão fazer companhia ao mestre do lugar; ele terá sua porta, sua bacia escondida lá fora por um grupo de árvores. Se ali forem instalados um pombal e uma torre habitável, tudo será ainda melhor.[1]

IBN LUYÛN

1 In: Lévi-Provençal, *Les Manuscrites arabes de Rabat,* p.21.

Jardim das delícias

A maior parte das casas, que nós chamamos "burguesas", tinham um jardim que proporcionava ar e frescor, com um pequeno lago coberto pelas sombras de palmeiras e ciprestes.[1]

O jardim das delícias, uma constante nos contos das *Mil e uma noites*, seria uma espécie de "réplica do Paraíso". Seus jardins floridos eram revelados pelas virtudes mágicas dos perfumes inebriantes, que exalavam aromas das flores e frutas, das ervas aromáticas e especiarias, arrebatando os sentidos e os paladares mais refinados do Oriente.

Em lugar de um jardim de frutos, deparei-me com um de flores não menos singular. Continha um enorme canteiro, não irrigado com a mesma profusão que o precedente, mas com mais cuidado, para fornecer apenas a água necessária a cada flor. A rosa, o jasmim, a violeta, o narciso, o jacinto, a anêmona, a tulipa, o ranúnculo, o cravo, o lírio e uma infinidade de outras flores que

1 Clot, *Haroun al-Rachid et le temps des Mille et une nuits,* p.238.

só desabrochavam em épocas diversas, lá se viam todas entreabertas simultaneamente. E cada uma era mais suave que o ar que se respirava.[2]

Tais eflúvios exóticos, de sedução mítica, são sentidos e desfrutados pela farmacopeia e pela culinária de todo o Império Árabe-Muçulmano. Da Índia e da China chegavam os aromas da pimenta, da canela, do cominho, do coriandro, do gergelim, do cravo e do gengibre; das Ilhas Molucas, a noz-moscada; da Pérsia, o açafrão e o sumagre. Esses sabores se fundem com uma intensidade pungente e criam uma prazerosa composição de iguarias sarapintadas com esses condimentos e intensificadas pelo perfume da água de rosas, da flor de laranjeira, da menta, do jasmim, dos aloés, do narciso, do âmbar e dos almíscares que emanavam das mesas opulentas dos califas das *Mil e umas noites*.

Durante o califado abássida de Haroun al-Rashid, bem como no de seus sucessores, a fantasia do Jardim das Delícias intensificou os prazeres dos sentidos, especialmente o paladar, firmando a importância das especiarias:

> *Deves saber que o conhecimento do uso das especiarias [*tawâbil*] nos alimentos é a principal base das refeições e constitui o fundamento sobre o qual se constrói a arte da culinária, pois aí encontramos os temperos que se adaptam a vários pratos. Através de seu emprego, as iguarias se transformam, ao mesmo tempo que eles as tornam mais saborosas e melhores; o emprego das especiarias produz um duplo efeito: de um lado, traz efeitos benéficos, de outro, evita possíveis deteriorações.*[3]

2 *Les Mille et une nuits* (trad. Galland), p.179.

3 Anônimo, *La cocina hispano-magaribí en la época almohade según un ms. inédito*, in: Sanchez, *La Consommation des épices et des plantes aromatiques en al-Andalus*, p.43.

Especiarias.

Abu Zayd e Al-Harith navegando, *al-Harîrî*, *século XIII*.

[...] desloquei-me, a bordo de um navio, até Basra, e pus-me a navegar por seu mar, em cuja margem direita ficam os árabes, e em cuja margem esquerda ficam os persas. Menciona-se no Livro dos reinos e das rotas *que esse mar possui setenta* parasangas *de largura e muitas montanhas, confinado com a Terra dos Negros e com o Mar Vermelho; a partir daí, passa a ser o grande Mar Oriental [...].*
[...] Os mercadores venderam suas mercadorias e compraram daquela cidade o que era apropriado para a cidade de Bagdá, e eu agi como eles. [...] compramos aloés, sândalo, cânfora e cravo, embarcamos e zarpamos, passando de ilha em ilha até chegar a Basra, de onde nos deslocamos a Bagdá.[4]

4 Sindbad, primeira viagem. In: *Livro das mil e uma noites* (trad. Jarouche), v.3, p.191 e 194.

Al-Harîrî, 1225-1235.

A aventura das especiarias

Os rios, e mais ainda as vias terrestres, distribuem mercadorias e riquezas no interior do império. O mar leva até as extremidades da terra as produções dos países do Islã e traz matérias-primas necessárias a sua indústria.[1]

A história de Sindbad, o marinheiro, é um dos mais conhecidos contos das *Mil e uma noites*. Em sua primeira viagem, ele relata suas peripécias por rios e mares, evidenciando o que efetivamente ocorria no trânsito de pessoas e mercadorias durante o Oriente medieval.

As caravanas terrestres seguiam em direção à Pérsia e à Indonésia, e as embarcações singravam os mares da Rota da Seda e das Especiarias rumo a Índia, Ceilão, China e Turquia. Os mercadores dominavam as atividades comerciais também na África Oriental, principalmente por terra, mediante o tráfico de ouro e escravos.

1 Clot, *Haroun al-Rachid et le temps des Mille et une nuits*, p.281.

O fomento das trocas de alimentos entre essas regiões aprimorou o paladar e os hábitos de consumo entre as populações dominadas pelos muçulmanos, em contatos que também se davam, muitas vezes, pela ação dos nômades. De fato, os nômades foram "os mediadores inevitáveis dos intercâmbios de pessoas e de bens em um mundo recortado por desertos. Sem seus conhecimentos das rotas e sua experiência nesse meio perigoso, não haveria transporte de caravanas".[2]

O califado abássida e todo o seu império desfrutaram dessas ações de trocas que lhes renderam os ricos sabores das mais remotas regiões do Oriente: a berinjela e o pepino, originários da Índia; o quiabo, da Etiópia; a alcachofra, do Norte da África; as amêndoas, das regiões áridas do Oeste da Ásia; as laranjas, da China; os marmelos, da Turquia; as tâmaras e os damascos, da Pérsia; as melancias, da África; os pistaches, do Sudoeste da Ásia; e as maçãs, da Ásia Ocidental.

Nos oásis frutificavam amêndoas, nozes e pinhões; nos pomares desabrochavam figos, peras, romãs, damascos e cachos de uvas.

2 Garcin, *États, sociétés et cultures du monde musulman médiéval* (*X^e^ XVe siècle*), v.2, p.119.

Caravana de peregrinos, *al-Harîrî, 1237*.

A vida agitada da cidade. *Fólio do livro* A história de Haftvad e o verme.

É o centro da terra, o umbigo do mundo. Bagdá está no coração do Iraque. É a cidade mais formidável, que não encontra equivalente em parte alguma, nem no Oriente nem no Ocidente, seja em extensão, em influência, em prosperidade ou em número de habitantes: todos os povos têm um bairro seu em Bagdá. Todos são comerciantes. É sem o menor esforço que as mercadorias chegam ali e são transportadas, de maneira contínua, do Ocidente, do Oriente, de países muçulmanos e de países não muçulmanos. Nós as encontramos tão facilmente que se poderia acreditar que todos os bens da Terra se dirigiram para Bagdá, que todos os tesouros do mundo estão lá reunidos.[3]

AL-YA'QÛBI

3 Al-Ya'qûbi, *Livre des pays*, p.19.

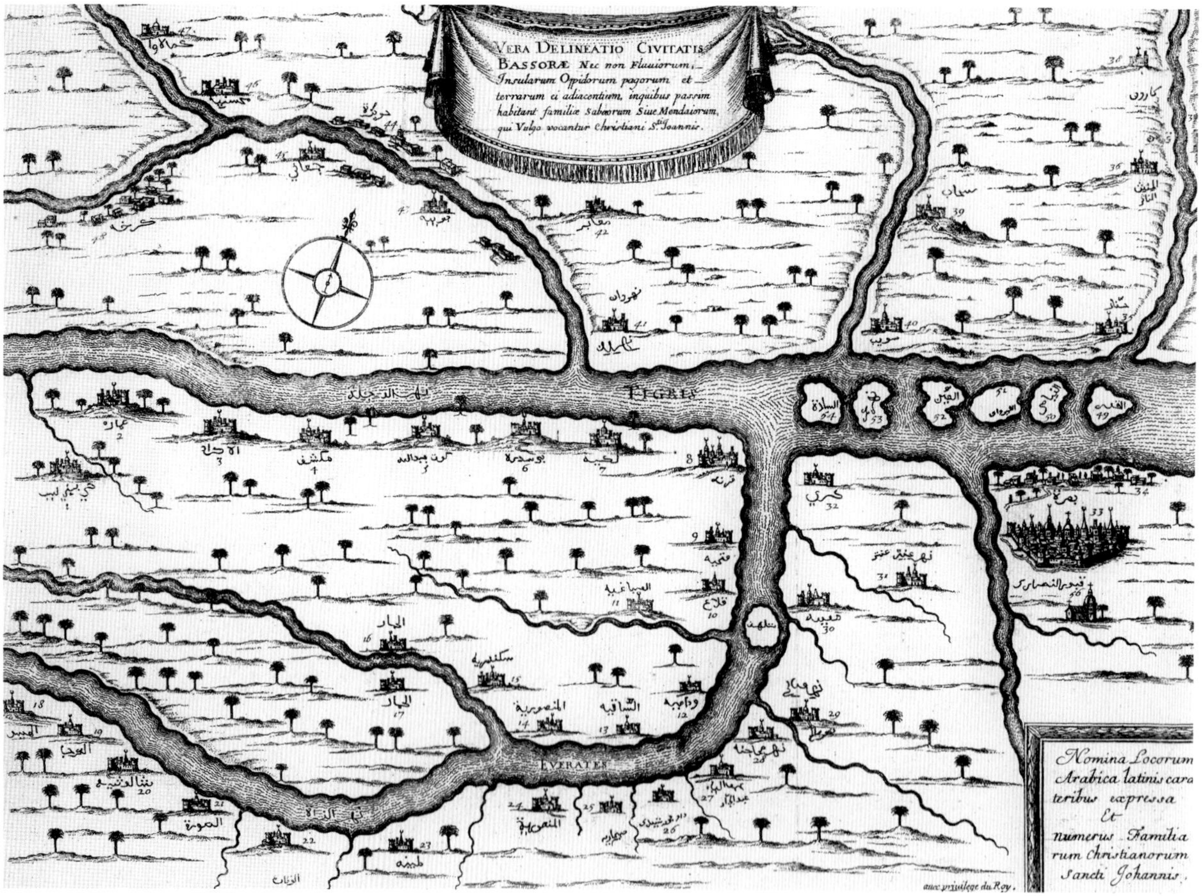

Mapa francês do século XVII mostrando os rios Tigre e o Eufrates.

No tempo dos califas

Do outro lado do Império Muçulmano, entre as cidades califais e principescas que se tornaram Córdoba, Toledo, Sevilha e Granada, dentre outras, um tecido social de essência omíada recompõe-se muito rapidamente.[1]

A dinastia omíada consolidou-se no poder em 661 e transferiu a sede de seu império para Damasco, saindo de Medina, a antiga capital e cidade sagrada. Com a morte de Maomé, em 632, os árabes conquistaram vastas áreas do Oriente Médio (incluindo-se aí o Egito, a Síria e a Mesopotâmia), os Estados do centro e da costa ocidental do Norte da África, a Ásia Central e quase toda a Pérsia.[2]

Em 750, a dinastia abássida tomou o poder dos omíadas, e Abul Abbas assumiu o califado. Seu sucessor, o califa al-Mansur (754-775), por razões estratégicas, construiu a cidade de Bagdá próximo a um canal navegável que ligava o Rio Tigre ao Eufrates. Segundo al-Mansur: "Esta ilha entre o Tigre

1 Chebel, *Traité des bonnes manières et du raffinement en Orient*, t.I., p.125.
2 Cf. Goody, *Renascimentos: um ou muitos?*, p.111-2.

a leste e o Eufrates a oeste é um mercado para o mundo. [...] Esta será certamente a cidade mais pujante do mundo".[3]

A localização privilegiada de Bagdá proporcionou o controle sobre as rotas comerciais e estimulou a troca de mercadorias e víveres, tanto por terra como por mar, entre a China, a Índia, o Tibete e a África do Norte. Contudo, antes da fundação de Bagdá, os omíadas, que então controlavam todo o comércio do Mediterrâneo Oriental e do Mar Vermelho, iniciaram novas explorações marítimas em direção ao sul da costa africana.

> *Esse triunfo dos Omíadas significava, de uma só vez, a certeza de poder trazer trigo, homens, mercenários do Magrebe, e, de volta, exportar os produtos de cidades andaluzas.*[4]

Entre os anos de 711 e 732, após a conquista da África do Norte (Tunísia, Marrocos e Argélia), Tarik Ibn Zyad cruzou o estreito de Gibraltar e, com um exército de 7 mil homens, ocupou o reino visigodo de Córdoba, Sevilha e Toledo, nomeando toda a região de al-Andalus. Consolidou-se assim a presença islâmica na Andaluzia, que privilegiou o plantio e o cultivo de gêneros alimentícios próprios de sua cultura.

Quando os abássidas se apoderaram do centro do império omíada em Damasco, o príncipe Abd al-Rahman I (731-788), soberano deste último grupo, após o massacre de sua família no Oriente, exilou-se em al-Andalus, onde fundou, em 756, o emirado de Córdoba. A dinastia omíada ali permaneceu por mais de 250 anos. Ao lado da presença catalizadora desse califado, o transporte

3 al-Ya'qubi, *Kitab al-Buldan*, p.238, apud Lewis, *Les Arabes dans l'histoire*, p.105.

4 Braudel, *O Mediterrâneo e o mundo mediterrâneo na época de Felipe II, v.1, p.185.*

contínuo dos produtos e da própria cultura do Oriente deveu-se às Cruzadas, a partir do século XI, quando os portos de Veneza e Gênova se beneficiaram das transações comerciais realizadas com o Egito, pois o porto de Alexandria reunia grande parte das especiarias vindas do Oriente.

Assim, em conjunto, os omíadas da Espanha e os abássidas governaram um império que acabou por fornecer as fontes orientais centrais à conformação da cultura do Ocidente.

Eruditos na Casa da Sabedoria, em Bagdá, *Yahya ibn Mahmud al-Wasiti, 1237.*

Bazar "Copper Smith", *de Edward Angelo Goodall, Cairo, 1871.*

Bagdá no tempo dos abássidas

Bagdá, no coração do Islã, é a cidade do bem-estar; nela estão os talentos de que falam os homens, a elegância e a cortesia.[1]

Bagdá, a "Cidade da Paz", foi o centro político, econômico e cultural do Império Abássida. Construída em três círculos concêntricos, era protegida por grandes muralhas e possuía quatro portas, nomeadas pelo califa al-Mansur como: Porta de Kufa, Porta de Basra, Porta do Kurasan e Porta da Síria.

No centro da "cidade circular", situavam-se o Palácio da Porta Dourada, a mesquita principal, adornada com abóbadas de ouro, e os bairros residenciais, que se estendiam entre as muralhas. No seu entorno, desenvolveu-se um grande comércio de mercadorias:

> *Cada cidade compreendia, mais ou menos, grande número de vastas lojas de comércio, que chamavam de* fonduqs *ou* khânes. *[...] Nas grandes cidades, ao lado dos* khânes *de luxo, com coisas raras e preciosas, havia aqueles de grãos,*

1 al-Muaqaddasi, *Best divisions for Knowledge of the Regions* (trad. Basil Anthony Collins), in: Marozzi, *Bagdá: cidade da paz, cidade de sangue,* p.1

de tâmaras, de óleo, de tapetes, de frutas secas, de peixes salgados, fabricantes de sabão, comerciantes de madeira e muitos outros.[2]

Fora da cidade, ficavam os vendedores ambulantes. Em suas perambulações pelas ruas, vendiam todo tipo de verduras frescas, romãs, melancias, doces variados e, no verão, sorvetes, como a *bah'sama*, preparado com melaço de uva misturado à neve, entre outros sumos de frutas. No burburinho dos *sûks*, os comerciantes ofereciam tapetes, sedas, frutas, carnes, grãos e legumes. Havia um grande comércio de alimentos que harmonizavam perfeitamente cores e sabores, como relata Sherazade no conto "A história dos três calândares, filhos de rei, e das cinco damas de Bagdá", que fala sobre uma jovem que fazia compras em vários pontos da cidade.

Senhor – disse Sherazade, dirigindo a palavra ao sultão –, no reinado do califa Haroun Al-Rachid havia em Bagdá, onde ele tinha sua residência, um carregador que, apesar de sua profissão inferior, não deixava de ser um homem inteligente e bem-humorado. Uma manhã, quando ele estava, como de costume, com um grande cesto perto de si, parado numa praça esperando que alguém precisasse de seus serviços, uma dama jovem, de bela aparência, coberta por um grande véu de musselina, aproximou-se e lhe disse com ar gracioso: "Escute, carregador, pegue seu cesto e siga-me". O carregador, encantado com essas poucas palavras ditas de modo tão agradável, pegou logo o cesto, pôs sobre a cabeça e seguiu a dama, murmurando: "Que dia feliz! Oh dia de bom encontro!".

A dama parou primeiro diante de uma porta fechada e bateu. Um homem, idoso, com barba branca, abriu-a e a jovem pôs dinheiro em sua mão, sem dizer uma palavra. O senhor honrado, que sabia o que ela desejava, entrou e pouco tempo depois trouxe um grande jarro de um vinho excelente. "Pegue

2 Aly Mazahéri, *La Vie quotidienne des musulmans au Moyen Age: X au XIII siècle*, p.193-4.

este jarro", disse a dama ao carregador, "e coloque-o em seu cesto." Feito isso, ela ordenou que ele a seguisse e, em seguida, continuou a andar, enquanto o carregador continuava a murmurar: "Oh! Dia de felicidade! "Oh! dia de adorável surpresa e de alegria!".

A dama parou na loja de um vendedor de frutas e de flores, onde escolheu vários tipos de maçãs, de damascos, de pêssegos, de marmelos, de bergamotas, de limões, de laranjas, murta, manjericão, lírio, jasmim e outros tipos de flores e plantas perfumadas. Ela disse ao carregador para colocar tudo em seu cesto e acompanhá-la. Passando diante do mostruário de um açougueiro, fez pesarem para ela vinte e cinco libras da melhor carne de boi que havia, a qual o carregador pôs também em seu cesto, seguindo suas ordens. Em outra loja, pegou alcaparras, estragão, pepinos pequenos e outras ervas, tudo conservado em vinagre; em outra loja ainda, pegou pistaches, nozes, avelãs, pinhões, amêndoas e outras frutas semelhantes; na seguinte, ela comprou todos os tipos de pastas de amêndoas. O carregador, ao pôr todas essas coisas em seu cesto e observar que ele estava ficando cheio, disse à dama: "Minha boa dama, deveria ter me avisado que ia comprar tantas provisões: então eu teria trazido um cavalo, ou melhor, um camelo para carregá-las. Terei muito mais do que minha carga, por pouco mais que compre delas". A jovem riu da brincadeira e ordenou mais uma vez ao carregador que a seguisse.

Ela entrou na loja de um droguista, onde se abasteceu de todos os tipos de águas perfumadas, pacotes de cravinhos, noz-moscada, pimenta, gengibre, um grande pedaço de âmbar-gris e várias outras especiarias das Índias, o que acabou de encher o cesto do carregador, ao qual ainda ordenou que continuasse a segui-la. Então os dois caminharam até chegarem a uma mansão magnífica cuja fachada era ornamentada com belas colunas e tinha uma porta de marfim. Eles pararam e a dama bateu de leve[...].[3]

3 Galland, "Histoire des trois calenders, fils de roi, et de cinq dames de Bagdad", in: *Les Mille et une nuits de famille*. p.21-2.

Cena no interior de uma taberna, *al-Harîrî, 1054-1122*.

A mesa já estava posta. A mãe de Abu Hassan, muito entendida em assunto de cozinha, serviu três pratos: um, no meio, guarnecido de um bom frango, rodeado por outros quatro menores; os outros dois serviam de entrada e eram constituídos de um pato e dois pombos ao molho. Nada mais havia, mas aquelas carnes eram deliciosas. Abu Hassan sentou-se diante do seu hóspede, e ele e o califa começaram a comer com bom apetite, tirando cada um o que mais lhe apetecia, sem falar e até sem beber, de acordo com o costume do país. Quando terminaram, o escravo do califa trouxe-lhe água para lavar-se enquanto a mãe de Abu Hassan retirava os pratos e trazia a sobremesa, que consistia em vários tipos de frutos: uvas, pêssegos, maçãs, peras e torta de amêndoa.[4]

4 Galland, Histoire des trois callenders, fils the roi, et the cinq dames de Bagdad, in: *Les Milles et une nuits*, p.21-2.

Tenda em mercado de alimentos, *de Shah Tamasp, Irã, c. 1540.*

Mil e uma iguarias

Não demorou muito e ela me serviu os mais esplêndidos pratos de cozidos de carne e peixe, aperitivos fritos mergulhados em mel de abelha e galinha recheada com açúcar e pistache.[1]

Durante o período do califado de Haroun al-Rashid a vida era faustosa. A arte e a literatura culinárias floresceram nessa dinastia e se propagaram entre poetas, príncipes, médicos e dietistas da elite muçulmana de Bagdá.

> *O reinado de Rachid é certamente um dos mais belos e fecundos em eventos: nunca o Estado gozou de tanto esplendor e prosperidade, e os limites do império dos califas nunca mais seriam tão vastos. Grande parte do universo estava submetida às leis desse príncipe e pagava os impostos a seu tesouro [...]. Nunca a corte de um califa reuniu tão grande número de sábios, poetas, jurisconsultos, gramáticos,* kadis,[2] *escritores, pessoas do prazer e músicos. Rachid recompensava-os generosamente e os beneficiava com todas as bençãos e distinções. O próprio príncipe era um homem de grande talento, bom poeta, versado no conhecimento da história, das antiguidades e dos monumentos, da poesia, que ele poderia citar conforme a ocasião; ele tinha um gosto requintado, um discernimento seguro, e conquistou o respeito de todos, grandes e pequenos.*[3]

1 *Livro das mil e uma noites*, v.1. Ramo Sírio (trad. Jarouche), p.284.

2 Magistrado muçulmano com funções civis e religiosas.

3 al-Tiqtaqâ, *Histoire des dynasties musulmanes*, t.3: *La Dynastie abbaside*, p.327.

O príncipe Ibrâhîm Ibn al-Mahdî (779-839), meio-irmão de al-Rachid, foi poeta, músico e exímio cozinheiro. Dedicou-se à arte culinária em parceria com sua concubina Bad'a, considerada "a pessoa mais hábil na cozinha, e que melhor preparava os *bawârid* e os doces [...]".[4] No palácio de Ruafá, próximo a Bagdá, criaram receitas requintadas para o deleite da nobreza. Nos menus, constavam assados e pratos exóticos à base de peixes, caças e aves de sabores densos, realçados pelos condimentos inflamáveis ao paladar.

A literatura culinária foi fecunda em Bagdá, a partir do século X. Abu Muhammad al-Muzaffar ibn Nasr ibn Sayyár al-Warrâq[5] compilou os fragmentos das receitas de al-Mahdî e outras importantes coletâneas, como a do califa Ma'mun (786-833), filho de Haroun al-Rashid, que reinou de 813 a 833. Seu livro *Kitâb al-Tabîkh* (Livro de cozinha) é considerado o mais antigo receituário árabe. Integram o *Kitâb al-Tabîk* de al-Warrâq receitas personalizadas, com destaque para as *ma'muniyya* e *haruniyya*, que expressam, respectivamente, receitas criadas pelos califas al-Mamun e al-Rashid, além da *mutajjana ibrâhîmiyya*, frango aromatizado com hortelã, canela, gengibre, açafrão e coriandro, atribuída a al-Mahdî.

Outra importante coletânea é de autoria de al-Baghdadî, com o mesmo título, *Kitâb al-Tabîkh*, composta em 1226. Essas obras expressam o apogeu da cozinha árabe-persa, como também o refinado paladar aristocrático do período do califado abássida.

4 Ibn Sayyár, *Kitáb al-Tabij*, apud Marin, "Los recetarios árabes clássicos: ¿documentos históricos?", p.36.

5 "al-Warrâq" significa "copista" em árabe.

Várias receitas adotam o nome do principal ingrediente a compor o prato: *fustuqiyya* (preparado com pistache); *adasiyya* (preparado com lentilha); *summâqiyya* (preparado com sumagre); *rummaniyya* (preparado com romã); *laymuniyya* (preparado com limão).

Livro Kitâb al-Tabîkh, *de al-Warrâq.*

Fustuqiyya

Pegue peito de frango e coloque-o em água com um pouco de sal. Escorra a água, retire a pele do frango e corte-o finamente. Depois, coloque os pedaços de frango em uma panela e cubra com água. Pegue os pistaches, retire a casca e amasse-os em um pilão. Em seguida, derrame-os na panela e mexa enquanto a água ferve. Quando estiver finalizando a preparação, acrescente um pouco de açúcar e de pistaches (inteiros). Continue a mexer até o fim do cozimento; e então retire do fogo.[6]

6 Al-Warrâq, Kitâb al-Tabîkh, in: David Waines, *La cuisine des califes*, p.135.

Frango sendo assado, *Aqa Mirak, c. 1532.*

Outra figura importante e emblemática desse período foi Abu al-Hasan Ali ibn Nafi (789-857), mais conhecido como Ziryâb, renomado músico no califado de Haroun al-Rashid. Banido de Bagdá por intrigas da corte, refugiou-se em Córdoba e se tornou músico do emir al-Rahman I (731-788). Versado em várias artes, foi promovido a árbitro do bom gosto e conquistou al-Rahman II, emir de Córdoba entre 822 e 852. Divulgou o luxo e o refinamento do Oriente fabuloso em todas as artes, difundindo a moda, a perfumaria, a música, a culinária, o culto às boas maneiras e a arte da mesa.

Ziryâb ainda consolidou novos hábitos, fixando o serviço de mesa sucessivo para refeições refinadas: entrada, prato principal, acompanhamentos e sobremesa. Substituiu as taças de prata e de ouro por taças transparentes, a fim de destacar a cor do vinho, e difundiu o uso do arroz, do açúcar e das frutas secas como elementos centrais de receitas, que incluíam também, entre outros pratos, os marzipãs e os *nougats*.

Igualmente relevantes no panorama gastronômico da época foram os ensinamentos do iraquiano Mesué, o Velho (777-857), médico de Haroun al-Rashid e autor de aforismos relacionados à sua área de atuação. Seu manuscrito é um dos mais antigos dos tratados médicos, abrangendo a anatomia, a fisiologia, a higiene e a dietética, tendo sido divulgado também no Ocidente muçulmano. Na terceira parte de seus aforismos há ensinamentos sobre a alimentação, bebidas, medicamentos e cuidados com o corpo. Em um dos capítulos, Mesué prescreve os seguintes cuidados para o mês de fevereiro:

> *Durante esse mês, é benéfico comer confeitos, aves, todo tipo de caça, trufas, alho, frutas secas, limão, romã, cana-de-açúcar.*

No banho, unta-se de óleo de íris, de óleo de narciso ou de óleo de rosa branca. Toma-se banho frequentemente.

Come-se muito grão-de-bico, arroz, nozes, amêndoas e pinhões. Besunta-se de água de mel.

Todas as coisas doces que comemos são benéficas, como as tâmaras e os figos.

Durante esse mês, evita-se comer queijo velho, peixes frescos ou salgados, laticínios, lentilhas, cebolas e alho-poró, animais selvagens, vinagre e toda as coisas salgadas e picantes.

Resguarda-se de comer carne de boi e de cabra, pois são nocivas nesse mês.[7]

O mesmo cuidado e a mesma arte eram identificáveis na preparação das carnes, aves e peixes.

Sherazade narra como o califa Haroun al-Rashid, disfarçado de mercador e acompanhado de seu vizir Jafar, encontrou, enquanto caminhava às margens do Rio Tigre, um pescador que trazia consigo várias espécies de peixes. Al-Rashid, que era considerado um bom cozinheiro, lhe pediu alguns peixes.

O califa foi então até a cabana de juncos que servia de moradia ao guardião do jardim; começou a bisbilhotar em cada canto e achou todos os utensílios e ingredientes de que precisava para fazer a fritura, até mesmo o sal, o tomilho, as folhas de louro e coisas do gênero. Aproximou-se do forno e disse para si mesmo: "Oh! Haroun, lembre-se de que em sua juventude você gostava muito de

7 Troupeau, Les Aphorismes de Jean Mésué, in: *A l'ombre d'Avicenne: La médecine au temps des califes*. p.319.

ficar na cozinha, com as mulheres, e se metia a cozinhar. Agora é o momento de mostrar sua arte!". Pegou então a frigideira, colocou-a sobre o fogo, pôs nela a manteiga e esperou. Quando a manteiga estava fervendo bem, pegou o peixe que trazia, já sem as escamas, limpo, lavado, com sal e um pouco de farinha, e o colocou na frigideira. Assim que o peixe estava bem cozido de um lado, virou-o com total perícia e, quando o peixe estava exatamente no ponto, retirou-o da frigideira e o colocou sobre as grandes folhas verdes da bananeira. Depois foi até o jardim colher alguns limões, que cortou e arranjou igualmente sobre as folhas de bananeira [...].[8]

O mesmo deleite e esmero eram revelados na preparação das carnes, quase sempre maceradas em leite fermentado, designado pelos persas de *shîrâz* e pelos árabes de *râïb*, ou em suco de frutas. As carnes de caça, caprinos e aves diversas eram regadas com molhos agridoces, sobretudo o *zirbâj* – composto por vinagre, sucos cítricos ou de uvas e ingredientes doces (mel ou açúcar, frutas frescas ou secas) –, generosamente condimentadas com especiarias.

O zirbâj de frango, por sua vez, à moda de al-Mahdî, era regado com molho à base de vinagre, açúcar, gengibre, canela, amêndoas e pimenta. Atesta-se sua popularidade no conto "O jovem de Bagdá e a criada de madame Zubayda" – esta última, esposa de Haroun al-Rachid – em que esse prato é assim descrito por Sherazade: "Entre outros pratos, havia um recipiente contendo zîrbâj cozido com pistache descascado e coberto com grão-de-bico e açúcar refinado".[9]

8 *Le Livre des mille et une nuits* (trad. Maldrus), v.1, p.368.
9 Ibid., p.297.

Zirbâj

Pegue um bom frango, corte-o, esvazie-o e coloque em uma panela própria. Derrame sobre ele meio ratl *de água fresca e meia* uqiya *de azeite de boa qualidade, acrescente um pouco de cebola e leve-o para cozinhar. Uma vez cozido, coloque vinagre branco, meio* ratl *e duas* uqiya *de açúcar branco, uma* uqiya *de amêndoas sem pele e uma* uqiya *de água de rosas. Juntar as especiarias: pimenta, canela, gengibre, que você deverá colocar em um pano fino para que não altere a cor do prato.*[10]

AL-WARRÂQ

Também entre as iguarias mais apreciadas encontrava-se o *al-bawdaq*, pequenas almôndegas de carne pilada com especiarias, fritas ou cozidas em um suculento caldo ou em coalhada.

Ainda entre as mais populares escolhas dos califas estavam as aves (*mutajjanāt*) assadas no espeto, prato que podia ser preparado com cotovias, pardais, patos ou gansos:

> *Porque não existe nada mais saboroso que gansos recheados e assados, e nada senão os gansos podem alegrar o semblante do anfitrião diante de seu convidado. [...]*

10 1 ratl ≅ 500 g; 1 ûqiya ≅ 37 g.

Portanto, na madrugada do dia seguinte matou os dois gansos gordos e foi comprar uma porção de hachis, *uma porção de arroz, uma onça de especiarias picantes e outros temperos. [...]*

*O recheio maravilhoso foi composto com carne picada [*hachis*], arroz, pistaches, amêndoas, uvas-passas, cebolas e ervas finas; então o homem vigiou o cozimento até que estivesse no ponto perfeito.*[11]

E havia o *sambusaj* – ou *sambusak* (do persa *sam* = triângulo) –, similar ao rissole, recheado com carne moída, queijo de cabra ou frutas secas, condimentado com ervas, canela e pimenta, apresentado em duas versões, frito ou cozido.

Saboreavam tortas recheadas de pombos ou carnes de caça, envoltas em massa folhada, decoradas com amêndoas torradas e polvilhadas com canela.

A jawdâba, *torta de massa fina delicadamente regada durante o seu cozimento com o caldo da ave, que impregna lentamente a massa.*

Assados de cabritos, galinhas, faisões, torta de aves de capoeira, faludaj, *à base de mel e amido, torta de amêndoas, corações de cidra, tortas de frutas recheadas com pistaches e avelãs.*[12]

As leguminosas desfrutavam de grande popularidade, sobretudo a lentilha, a fava, o feijão e o grão-de-bico; entre as hortaliças, eram consumidos

11 Ibid. p.324.

12 Mazahéri, *La Vie quotidienne des musulmans au Moyen Age: X au XIII siècle*, p.88.

os aspargos de Damasco, as couves-flores e as berinjelas originárias da Índia, o alho-poró, a acelga, a abóbora, a cenoura, a erva-doce, o repolho e o nabo, geralmente servidos cozidos ou fritos.

Nas tabernas serviam-se diariamente vários tipos de frituras. A *harisa*, bastante popular, é preparada com carne de carneiro e grão-de-bico e perfumada com canela.

Destacava-se ainda o *bulghur*, subproduto do trigo duro, pré-cozido no vapor, seco ao sol durante dias, depois triturado no almofariz e, ainda seco, posto para conservar em jarro de barro. Associado aos vários grãos, dava origem a diversos tipos de ensopados, como o *bulghur* com lentilhas, com grão-de-bico, com macarrão cabelo de anjo ou com carnes e legumes: "Criado, sirva o cozido de trigo e a carne moída como primeiro prato, e ponha bastante gordura".[13]

O arroz, originário do Extremo Oriente, designado pelos árabes de *al-ruz*, foi paulatinamente incorporado pelas classes mais abastadas durante a Idade Média, inicialmente empregado como especiaria com finalidades medicinais ou transformado em leite ou creme. Foi só mais tarde que passou a ser utilizado em pratos salgados ou em doces.

Al-Mahdî preparava *aruzziyya*, arroz "cozido no leite, perfumado com canela e galanga, mesclado com carne de boi defumada cozida na gordura da cauda de ovelha".[14]

13 *Le Livre des mille et une nuits* (trad. Mardrus), p.359.

14 Zaouali, *La Grande Cuisine arabe du Moyen Âge*, p.45.

Aruzziyya

*Pegue pedaços de carne magra do dorso (*rumsteck*) e pedaços da gordura da cauda de cordeiro.*
Corte em fatias finas e defume até que a carne adquira uma coloração marrom.
Aqueça um pouco de azeite de oliva em uma panela e frite as fatias de carne até que estejam completamente cozidas.
Polvilhe-as com um pouco de sal, mas não use murrî, *para evitar que a iguaria perca sua cor.*
Pegue uma caçarola grande, encha até a metade com leite e deixe ferver.
Acrescente khalanjan *(galanga, gengibre do Laos) e canela, um bastão de cada. Junte sal, se for necessário.*
Agora pegue o arroz, lave muito bem e junte ao leite.
Quando ele estiver cozido e espesso, junte os pedaços de carne com o azeite da fritura.
Mexa muito bem o arroz e sirva, se Deus o quiser. [15]

IBRÂHÎM IBN AL-MAHDÎ

15 David, *La Cuisine des califes,* p. 131.

Nos fragmentos dos livros culinários da época que chegaram até nossos dias, constam várias receitas de arroz perfumado com canela, água de rosas e açúcar ou cozido ao vapor com espinafre, aves e carne de ovelha.

De acordo com o famoso filólogo al-Açma'ï (m. 828), citado por Ibn Qutaybah (828-885): "O arroz branco com manteiga clarificada e açúcar branco não é um prato deste mundo (é um prato que comemos no Paraíso)".[16]

Na dieta árabe muçulmana, a preferência era dada ao óleo de gergelim, assim como à gordura retirada da cauda da ovelha. O azeite de oliva regava os pratos no final da preparação, ou era levado à mesa. Também se consumia o *samn*, manteiga clarificada, em especial como base para a confecção de massas e tortas. O sal perfumado era utilizado no decorrer dos cozimentos ou como condimento de mesa.

16 Ashtor, "Essai sur l'Alimentation des diverses classes sociales dans l'Orient medieval", in: *Annales. Économies, Sociétés, Civilisations*, n. 5, p.1017.

Cena no jardim. Preparação de sambusâk, *anônimo, cerca de 1495-1505*.

وَآرُدِبِرِنج

كِشْنِيز

قَرَنْفُل

مُشْك

"Encontro de Asif",
do livro Muraqqa-e Golshan.

Hayfã ordenou às criadas que preparassem as mesas para a comida, e elas assim procederam, colocando tudo diante de Yûsuf, que olhou e viu uma mesa de ágata iemenita, outra de cornalina, outra de cristal, todas com travessas de porcelana, esmeralda, prata e ouro, e nos pratos alimentos que deixariam perplexa qualquer mente, tão opulentos eram, com variedades de doces, perdizes, codornas, carne de carneiro, pombo, carne de gazela e de antílope, aves e pássaros de toda espécie, verduras, legumes em conserva, grãos, assados, frituras, todo gênero de conservas e cozidos com açúcar. [17]

17 *Livro das mil e uma noites* (trad. Jarouche), v.4., p.187.

A farmácia, De materia medica, *Dioscórides, 1224.*

Mil e uma doçuras

Cai a chuva cheirosa da dchudabah, *depois creme de amêndoa, salpicado de açúcar; louvado o céu por essa chuva, feliz a terra, que ela delicia... Então vêm* kataifs *magníficos, a aguçar o apetite, manjares finos, que escorrem untuosos e doces pelos lábios. Tu vês, iluminado pelo sorriso, o melado abundante que os envolve de todos os lados e com manteiga, que se derrama, se desfaz em orvalho de lágrimas.*[1]

(Poema de Ibn al-Rumi)

Os árabes eram especialistas no refinamento do açúcar e na confecção de um repertório de doces e sobremesas. Foram os primeiros a utilizar o caramelo e as caldas no preparo de xaropes perfumados com água de rosas, flor de laranjeira ou de jasmim.

Porém, o açúcar "só se tornou bem comum entre os árabes com a sua expansão pelas armas, quando Hira, no baixo Eufrates, foi ocupada, em 633, e a grande batalha de Cadésia destronou os sassânidas e aniquilou a independência do Império Persa, com a fundação de Basra, no delta do Tigre".[2]

Mas o controle das fontes de suprimento do açúcar não foi de pronto suficiente para trazê-lo à mesa comum. De fato, apesar da significativa produção no mundo árabe muçulmano, a sacarose ainda era um produto caro na

1 Von Lippmann, *História do açúcar*, t.I, p.223.
2 Ibid., p.216.

Idade Média, o que obrigava a população de poucas posses a consumir mel, compotas e geleias.

Entretanto, o açúcar era, em contrapartida, presença obrigatória na mesa aristocrática. Exemplo típico é encontrado na trajetória de Muawiya (602-680), que em 661 consolidou a dinastia omíada e proclamou-se califa, transferindo a capital para Damasco. Reconhecido como refinado anfitrião, seus banquetes suntuosos eram fartos de finas iguarias, com destaque para o *halwá*, doce cuja massa era feita com farinha, sementes de gergelim moídas e açúcar, enriquecido com pedaços de frutas, amêndoas, pistaches ou avelãs. Há relatos de que o califa presenteava seus cortesãos com tortas de nata e açúcar, bolos de manteiga e frutas cristalizadas.

Mas foi na dinastia abássida, de Haroun al-Rashid, que Bagdá foi depositária dos sabores e aromas de todo o Oriente e que consolidou a presença dos doces e sobremesas. O califa recebia como pagamento de impostos o açúcar do Sistão e o mel de Isfahan (cidade localizada na região central do Irã), o que lhe permitia propiciar a seus convidados um desfile de guloseimas apetitosas. A corte se deleitava com os cubos de abóbora em calda de cardamomo, as romãs salpicadas com pimenta, os marmelos em pasta banhados em água de flor de laranjeira, o pêssego ao gengibre, as tâmaras recheadas com amêndoas e o *sbâkiyâ*, bolinhos de Ramadã, dourados com açafrão.

> *Havia ali quatro vasilhas de porcelana de grande capacidade, contendo a primeira* mahalabiya *perfumada com laranja e polvilhada com pistaches triturados e canela; a segunda, uvas-passas secas maceradas e depois limpas de impurezas e discretamente perfumadas com rosas; a terceira, oh! a terceira!, de* baklawa, *artisticamente folheadas e divididas em losangos*

que sugeriam o infinito; a quarta, katayefs, *com xarope bem homogêneo e a ponto de explodir, abundamente recheados! Eis, pois, a metade do tabuleiro. Quanto à outra metade, continha justamente os frutos de minha predileção: figos, todos até enrugados de tão maduros e lânguidos, tanto eles se sabiam desejados; cidras, limões, passas frescas e bananas. E tudo separado por intervalos em que se viam as cores das flores, como rosas, jasmins, tulipas, lírios e narcisos.*[3]

Muitas receitas da doçaria árabe são heranças persas sassânidas e figuram no livro de al-Warrak, *Kitab al-Tabijkh*, como o *khushknanaj* – do persa *khuchk* (seco) e *naj* (massa folhada) –, recheado com uma pasta de amêndoas, dobrado em forma de meia-lua e frito; o *lauzinaj* – do persa *law* (amêndoa) –, em forma de losango, recheado de amêndoas, de nozes, embebido em calda de açúcar, flor de laranjeira ou de rosas. Há também uma versão doce de *sambusaj*, geralmente recheado com amêndoas e frito.

A Mesopotâmia transmitiu o gosto pelas massas folhadas, formadas por finas folhas de massa dispostas umas sobre as outras. Os árabes, igualmente, utilizaram-na com outras técnicas, empilhando ou enrolando-as com múltiplos recheios.

Muito saborosos, os *beignets* são bolinhos confeccionados com massa de farinha de trigo, açúcar e canela, fritos em óleo de gergelim. A *zulabiya* é preparada com farinha, amêndoas, açúcar, canela e colorida com açafrão. Enrolada em forma de bastonete, frita-se e rega-se com calda de mel e água de rosas.

Vale destacar que as fragrâncias como o almíscar e o âmbar são usadas principalmente na confeitaria.

3 *Le Livre des mille et une nuits* (trad. Mardrus), t.2, p.195.

A vinha – norte do Iraque
ou Síria, *Dioscórides, 1229.*

Mas a constante valorização do açúcar não se restringia ao paladar. Parte de seu prestígio adveio de suas supostas propriedades terapêuticas. A medicina grega de Hipócrates e Galeno havia sido traduzida pelos muçulmanos, e novos conceitos de saúde foram adotados. Muito apreciados e seguidos, os tratados médicos, conhecidos como *agrabadin* (palavra de origem grega), preconizavam medicamentos simples e compostos, as fórmulas, os métodos de preparação, a posologia, a conservação.[4]

Avicena *(c. 980-1037)*.

Dentre os tratados de inspiração original grega, um dos mais conhecidos foi o elaborado pelo filósofo Abū Alī al-Husayn ibn Abd Allāh ibn Sīnā, conhecido como Ibn Sīnā ou por seu nome latinizado, Avicena (980-1037), no livro *Al-Qanun fil'tibb*, que ficou conhecido no Ocidente como *O cânone da medicina.* Avicena foi um dos primeiros médicos a associar o mel e o açúcar a virtudes medicinais, contemplando doces de frutas cristalizadas, geleias, doces à base de amêndoas, eletuários,[5] pastilhas e xaropes digestivos compostos por especiarias, ervas e frutas.

4 Cf. Jazi; Asli, "La Pharmacopée d'Avicenne", *Revue d'Histoire de la Pharmacie*, 1998, v.86, n.317, p.9.

5 Medicamento constituído de pós finos, xarope, mel ou resinas líquidas, empregado como calmante e laxante.

Os doces medicinais, que se consideravam ter propriedades digestivas, ocuparam lugar de destaque no cardápio dos califas, sobretudo os confitados à base de frutas, flores e especiarias (os *murrabayat*); a *luqma*, espécie de bala de goma com sabor de frutas e flores; o *marzuban* (marzipã), de origem persa, à base de amêndoas pisadas, açúcar e claras de ovos; e o *louzindjeh* (*nougat*), preparado com claras, mel e amêndoas, análogo ao torrone espanhol.

Não deixe de me trazer aquele nougat *cuja visão provoca enlevo, ou ficarei muito contrariado:*
Em vão o apetite fecha suas portas, a aproximação desse prato o força a reabri-las.
Se ele quisesse se infiltrar em uma rocha, seu perfume lhe facilitaria o acesso.
Seu odor delicioso se espalha ao redor do prato em que a manteiga cobre as bordas.
Seu aspecto vem em auxílio de sua perfeição interior, e a beleza torna seu sabor ainda mais precioso.
Seu recheio é denso, mas seu manto é mais leve que o soprar da brisa.
Dir-se-ia que sua cobertura, ao se romper, deixa passar gotas de xarope cristalizadas.
E que sua constituição delicada empresta às asas do gafanhoto a sua transparência.
Os dentes que se fabricassem com sua massa seriam brancos e brilhantes.
Como as peças de prata que a mão do homem adora carregar.
Bem untado com manteiga, de cor azulada, cinza no interior, ele se assemelha à pedra lápis-lazúli, com seus pálidos reflexos.
Provamos as amêndoas e nenhuma amarga passa pelo degustador sem que ele a recuse.
Os hábeis conhecedores que escolheram o açúcar se rivalizaram em severidade na sua escolha.
Os olhos não se cansam de vê-lo e os dentes que o mastigam não se enfraquecem.[6]

MOHAMMED SOULI

6 In: Maçoudi, *Le Prairie d'or,* t.8, cap.CXXIV, p.241.

Cortejo do casamento
de Dara Shikoh,
Haji Madni, c. 1740-1750.

[Aladim] conduziu [a princesa] até um grande salão iluminado com uma infinidade de velas, onde, graças aos cuidados do gênio, a mesa estava servida para um soberbo banquete. Os pratos eram de ouro maciço, cheios de carnes as mais deliciosas. As jarras, as bacias, os copos de que o aparador estava repleto também eram de ouro, ornados com relevos preciosos. Os outros ornamentos e todos os enfeites do salão combinavam perfeitamente com essa grande riqueza. A princesa, deslumbrada ao ver tantas riquezas reunidas em um mesmo lugar, disse a Aladim: "Príncipe, eu acreditava que nada no mundo poderia ser mais belo que o palácio do sultão, meu pai; mas, vendo este único salão, percebo que eu estava errada". "Princesa", respondeu Aladim, levando-a até a mesa, ao lugar que lhe era destinado, "recebo esta tão grande honestidade como é meu dever, mas sei no que devo acreditar."

A princesa Badroulboudour, Aladim e a mãe dele sentaram-se à mesa; e imediatamente um conjunto de instrumentos extremamente harmoniosos, tocados e acompanhados por vozes maravilhosas de mulheres, todas elas de grande beleza, começou a tocar um concerto que durou, sem interrupções, até o fim do banquete. A princesa ficou tão maravilhada que disse que nunca ouvira algo semelhante no palácio do sultão seu pai. Mas ela não sabia que essas musicistas eram fadas escolhidas pelo gênio, escravo da lâmpada.

Quando o jantar terminou, e foi retirado com diligência, um grupo de dançarinos e dançarinas entrou no lugar das musicistas. Dançaram vários tipos de coreografias, como era costume no país, e terminaram com apenas um dançarino e uma dançarina, que sozinhos dançaram com leveza surpreendente e demonstraram, cada um por sua vez, toda a elegância e destreza de que eram capazes. Era quase meia-noite quando, seguindo o costume da China naqueles tempos, Aladim levantou-se, estendeu a mão para a princesa Badroulboudour para dançarem juntos e terminarem assim as cerimônias de seu casamento. Eles dançaram com tão boa disposição que provocaram a admiração de todas os acompanhantes.[7]

7 *Le Livre des mille et une nuits* (trad. Galland), t.6, La lampe marveilleuse, p.85-7.

Jantar de casamento,
al-Harîrî, 1225-1235.

A arte opulenta das mesas

Os poetas cantam os pratos maravilhosos, únicos, e a magnificência de seus hóspedes, a composição inigualável de uma iguaria desconhecida.[1]

A diversidade da culinária árabe se manifesta nas refeições descritas por Sherazade no conto "O jovem coxo e o barbeiro de Bagdá":

> *Tenho à sua disposição cinco marmitas cheias de todo tipo de coisas deliciosas: beringelas e abóboras recheadas, folhas de uva recheadas e condimentadas com limão, almôndegas em suflê com trigo triturado e carnes desfiadas, com pequenos pedaços de filé de cordeiro, ensopados de cebolas pequenas; além disso tenho mais dez galetos assados, um cordeiro grelhado; mais dois pratos grandes, um de* kenafa *e outro com doces de queijo e de mel; frutas de todos os tipos; abóboras, melões, maçãs, limões e tâmaras frescas, e muitas outras mais!* [2]

1 Clot. *Haroun al-Rachid et le temps des Mille et une nuits, p.248-9.*

2 *Le Livre des mille et une nuits* (trad. Mardrus), p.273.

As refeições eram iniciadas com os *bawârid*, entradas frias à base de aves, peixes, legumes, com destaque para as berinjelas e as abobrinhas, fritas ou recheadas, e azeitonas em conserva (*zaytûn*).

Zaytûn

Pegue azeitonas pretas e verdes, sendo que a variedade preta é melhor. Coloque-as em um barniyya *[jarra de boca larga] e adicione sal e tomilho. Mergulhe-as em azeite doce e deixe o recipiente de lado até que seja necessário, se Deus quiser.*[3]

IBN AL-MAHDI

Muito apreciado era o *al-sikbâj* – derivado do persa *sik* (vinagre) e *baj* (prato) –, que corresponde ao atual escabeche. Inicialmente era uma especialidade de carne, degustada no reinado sassânida. Os califas abássidas também o preparavam com peixes, aves ou legumes, como berinjelas, abobrinhas ou cenouras.

O molho escabeche, à base de vinagre, limão ou frutas ácidas, como a romã, é mesclado com uvas-passas, figos secos e amêndoas e aromatizado com uma variedade de ervas: açafrão, especiarias e água de rosas, propiciando ao prato um sabor intenso.

3 Waines, *La Cuisine des califes*, p.106.

Os peixes eram provenientes do Mar Vermelho, Mar Cáspio e do Mediterrâneo, embora também fossem consumidos os de água doce. Em seu preparo, eram fritos em manteiga clarificada, regados com uma marinada fervente à base de vinagre, cebola e alho, coloridos com açafrão e deixados em conserva durante dias ou semanas. A receita disseminou-se pelos países dominados pelo Império Muçulmano e alcançou a Andaluzia, a Sicília e o Norte da África.

Utilizava-se o *murrî*, condimento fermentado feito de trigo, cevada ou peixe, amalgamado com azeite de oliva e água, encorpado com pão seco e macerado em jarros, nos quais era deixado para fermentar por mais de três meses.

Ao lado do *murrî*, as demais especiarias "eram pisadas ou reduzidas a pó em um pilão (*bâwoun*) e conservadas em recipientes de vidro. Serviam-se de um pilão similar, mas de tamanho maior, para macerar a carne ou produzir o purê de legumes".[4]

O emprego desse rico conjunto de condimentos é exemplificado na seguinte receita de molho do califa al-Ma'mun:

> *Misture vinagre e* murrî *e adicione sementes de coriandro, cássia,*[5] *pimenta-preta, tomilho fresco e seco, cominho, alcaravia, coentro,* na'na' *[menta cultivada], arruda, salsa, polpa de pepino pequeno e helênio*[6] *triturado. Misture tudo e derrame sobre os frangos assados ou qualquer outra ave jovem.*[7]

4 Ibid, p.31.

5 Designação comum às plantas do gênero *Cassia*, da família das leguminosas, usadas para fins medicinais e também como ornamento.

6 Planta também conhecida como erva-campeira, cuja raiz é bastante utilizada como ingrediente aromático, na fabricação de bebidas, na culinária e na medicina tradicional.

7 Nasrallah, *Annals of the Caliphs' Kitchens.* p.163.

A culinária da corte abássida inspirou-se nas iguarias requintadas da antiga Mesopotâmia e da Pérsia sassânida. A influência persa reside no toque dos sabores agridoces, nos ensopados saborosos de carnes, peixes, aves e caças, temperadas com alho, cebola, hortelã, coentro, pimenta e pitadas de açúcar.

Em um dia quente de verão, o cozinheiro trouxe um prato com shabbût *[carpas], assemelhando-se a um garoto dourado.*
Magistral assado, recheado com salsa, alho-poró, azeite e tomilho.
Para o sibagh *, preparou suco de romã, açúcar e amêndoa,*
Vinagre, murrî, *assa-fétida, pimenta preta, azeite, noz e coentro.*
Ele nos trouxe como o sol, uma delícia radiante, impregnado com misk, *e âmbar.*
Uma vez que foi retirada a sua pele, atordoados estávamos por essência, luz e beleza.
Eu nunca tive uma visão mais agradável. Eu provei o prato mais delicioso.

AL-MAHDÎ[8]

8 *Ibid. p.179-80.*

Discussão perto de uma vila, *al-Harîrî*, 1237.

Diversidade alimentar

O Islã é, em primeiro lugar, múltiplo no espaço: [...]
há um Islã do deserto, um Islã das aldeias, um Islã das cidades [...].[1]

O mundo árabe era formado por nômades e sedentários das regiões áridas e semiáridas. A diferença da alimentação manifestava-se pelas condições diferentes do cultivo dos gêneros agrícolas e de abastecimento. Nas asperezas do deserto, recorria-se à coleta e à pilhagem, sendo que nos oásis eram plantadas roças de subsistência.

Os nômades viviam da colheita de tâmaras das regiões semiáridas e usavam o mel como alimento. Fabricavam vários tipos de derivados do leite fermentado: o *laban*, coalhada fresca; o *labneh*, coalhada seca; *samn*, manteiga clarificada; e queijos, a partir do leite de camelo, de ovelha ou de cabra.

Em seus percursos pelo Oriente Médio, trocavam suas mercadorias com as dos agricultores das regiões férteis, que produziam sêmola de trigo, grãos, hortaliças, legumes, uvas e figos, alimentos duráveis para a sua sobrevivência.

1 Miquel, *L'Islam et sa civilisation*, p.11.

Nesse trânsito, em suas caravanas, comercializavam vários produtos entre as cidades. Levavam mantimentos de fácil transporte, como leguminosas, frutas frescas, massas, frutas secas, mel e queijos oriundos dos oásis longínquos.

Sua dieta alimentar era bastante simples, baseada em carnes de ovelha, cabrito e camelo. A carne de cordeiro ou de carneiro sempre foi um traço característico na alimentação árabe muçulmana, preparada com o animal inteiro, com ou sem recheio, assada diretamente na brasa.

Carneiro beduíno

Pegue um cordeiro ou um carneiro com a lã já retirada, parta-o no sentido do comprimento para fazer um entalhe, unte-o com um pouco de óleo, açafrão, especiarias fortes, como pimenta, chicória, coentro seco e canela-da-china em pó, para retirar o odor fétido. Cave um buraco profundo com as dimensões do cordeiro e disponha cuidadosamente porções de terra cozida ou de pedras de aquecer; acenda um fogo com madeira, ou carvão de madeira ou outro combustível; em resumo, com o que estiver disponível. Atice bem o fogo até que as pedras se tornem vermelhas, depois elimine rapidamente as chamas e as cinzas, antes que as pedras tenham tempo de esfriar. Cruze galhos de tamargueira, de salgueiro ou de caniços verdes sobre as pedras e coloque a carne em cima, estendendo-a com cuidado; depois cubra-a com um pano de couro usado pelos beduínos, ou então com um tabuleiro, fechando bem os lados com argila. Acenda um fogo com madeira em cima do tabuleiro e reparta-o igualmente por todos os lados. Deixe cozinhar. Quando estiver cozido, tire do fogo e sirva.[2]

AL-WUSLÂ

2 Zaouali, *La Grande Cuisine arabe du Moyen Âge*, p.104.

Na domesticação de animais e na engorda do cordeiro utilizavam grãos como a cevada e a fava, mas também folhas da amoreira. "A castração é a primeira etapa, propedêutica, a segunda, a engorda, no sentido em que faz passar o cordeiro do estado selvagem (*barbaři*) ao familiar (*alouf*) [...]".[3] O abate ritual estava circunscrito à prescrição dos alimentos designados como *halal*, isto é, "bom para comer" para os muçulmanos.

A *awarma*, método usado para o cozimento da carne de carneiro na própria banha do animal, propiciava a conservação da carne por longo tempo, para ser consumida em períodos de privações. Outro alimento nutritivo consumido pelos pastores, de fácil transporte, era o *kichk,* espécie de farinha, preparada com *burghul* cozido ao leite ou na coalhada e ervas desidratadas, fermentado durante uma semana, depois seco ao sol.

Outro componente importante do ambiente alimentar nômade era o pão de trigo preparado com grãos grosseiramente quebrados, água e sal, sem levedo, de formato redondo e plano, e assado sobre pedras quentes, recoberto com brasa.

Nas cidades, utilizavam o *tannûr*, um cilindro semelhante a um grande pote invertido, aquecido com carvão, em cujas paredes era assado o pão. Também utilizavam o forno comunitário, designado de *furn.*

Para produzir massas secas, empregava-se a sêmola de trigo duro – a forma ideal para a conservação e o transporte dos cereais nos périplos pelo deserto. Entre tais massas, havia a *itriyya*, confeccionada em tiras finas ou em fios, rolando-se a massa com as mãos, como o espaguete.

Os caldos e *shorbas* eram populares, pois permitiam utilizar uma variedade de produtos e propiciavam diferentes combinações. A *nibâtiyya* é uma

3 Kanafani-Zahar, *Le Mouton et le mûrier,* p.116.

Mulher enrolando a massa (detalhe)
Mir Sayyid Ali, séc. XVI.

das sopas mais antigas, composta por nacos de frango, grão-de-bico, um pedaço de queijo branco de cabra e várias especiarias: noz-moscada, canela, pimenta-negra, galanga[4] e gengibre. No final do cozimento do caldo, acrescenta-se *itriyya*, água de rosas e ovos cozidos inteiros. Na hora de servir, retiram-se os ovos e o queijo, que são picados em pedaços para adornar o prato.

Os pastores nômades consumiam ainda a *tharîd,* prato predileto do profeta Maomé e merecedor de várias versões citadas em livros de receitas da época. Trata-se de um caldo untuoso preparado com pedaços de carne gordurosa de carneiro, de cabrito ou de aves, aromatizado com ervas, espessado com pedaços de pão. Na montagem do prato, "dispõe-se sobre as carnes, previamente cozidas, bolinhos e linguiças fritas, gemas de ovos, azeitonas e amêndoas picadas. Antes de servir, polvilha-se com pimenta e canela".[5]

4 Erva nativa de regiões tropicais da Ásia, de que se extrai óleo essencial. Sua raiz, de odor semelhante ao do gengibre, é usada como condimento.

5 Rosenberger, "Diététique et cuisine dans l'Espagne musulmane du XIII siècle" in: Redon; Sallmann; Steinberg (Orgs.), *Le Désir et le goût: une autre histoire (XIII-XVIII siècles)*, p.188.

Solimão, o magnífico, (detalhe da obra *Süleymanname*), do século XVI.

A hospitalidade dos califas

*As reuniões sociais nos palácios dos califas eram consagradas à cordialidade e à alegria. As festas e as cerimônias fazem parte da atividade social, do requinte do grande príncipe. [...] Invariavelmente, os convidados são recebidos nos salões (*diwan*) polivalentes, que se transformam em salas de festas para acolher grupos musicais, dançarinos, saltimbancos, mágicos e poetas.*[1]

As festividades exigiam dos convidados polidez e etiqueta. Os árabes comiam em torno de uma mesa baixa, sentados no chão, de pernas cruzadas, sobre almofadas ou peles de carneiro. Serviam-se com a mão direita, utilizando três dedos; os caldos, por sua vez, eram consumidos com colher. As mesas eram decoradas com flores e frutas confeccionadas com açúcar, âmbar, almíscar e toda a sorte de arômatas. Os anfitriões exibiam pratos e travessas de ouro e esmeravam-se na apresentação requintada dos quitutes, revelando a estética da mesa.

1 Chebel, *Traité des bonnes manières et du raffinement en Orient*, t.I, p.215.

A dança no harém, *Giulio Rosati*.

Tais jantares e banquetes inspiravam os poetas a revelar sua arte, celebrando em versos os perfumes que emanavam das saborosas iguarias, e era frequente entre eles uma competição sobre temas culinários: "Os poetas cantam os pratos maravilhosos, únicos, e a prodigalidade de seus anfitriões, a composição inigualável de uma iguaria desconhecida".[2] A música acompanhava a *mise-en-scène* das comemorações festivas, em geral com uma orquestra, seguida por cantores e dançarinos.

No conto "O jovem mercador e sua amada", Sherazade relata: "as cantoras do palácio chegaram portando todo gênero de tamborins, todas tocando pandeiro e cantando alto os vários ritmos musicais num coro de vozes".[3] E esse clima feérico e minuciosamente ostentatório se intensificava quando se tratava de hóspede estrangeiro, especialmente de alta classe: "Abrasam-se incensos de âmbar amarelo e de olíbano. Pétalas de rosa são espalhadas em todo o percurso oficial".[4]

2 Clot, *Haroun al-Rachid et le temps des Mille et une nuits*, p.248-9.

3 *Livro das mil e uma noites* (trad. Jarouche), v.1, Ramo Sírio. p.297.

4 Chebel, op.cit., p.131-2.

Durante os ágapes, ofereciam sucos de frutas, de flores ou ervas preparados com água adocicada e aromatizados com almíscar. Os sabores mais presentes eram os de romã, menta, essência de rosas, violetas ou flor de laranjeira.

Entre as mulheres, a preferência recaía sobre sucos de frutas e o *rosaton*, uma mistura de água de rosas, açúcar e neve. Já os homens tomavam vinho de mel, hidromel e *duchab*. Era frequente sorverem o *nabid,* bebida fermentada de uvas ou tâmaras mescladas com água e mosto cozido, ainda que o consumo de vinho fosse proibido pela religião muçulmana. O bom vinho de uva não faltava nas festividades da elite e as taças eram preenchidas o tempo todo.

No final das refeições, apreciavam os sorvetes preparados com suco de frutas ou flores, ervas e especiarias, destacando-se o de rosas ou canela, refrescado com neve, oferecidos em potes de barro. Há notícias de que o príncipe al-Mahdi transportava camelos carregados de neve de Meca até Bagdá, para refrescar suas bebidas, como ocorre na cena a seguir:

> *Quando acabaram de comer, ele lhes ofereceu água para lavar as mãos e um guardanapo muito branco para enxugá-las. Em seguida pegou uma tigela grande de porcelana, onde pôs uma neve muito limpa. Depois, oferecendo a porcelana ao pequeno Agib, disse: "Pegue, é um sorvete de rosa, o mais delicioso que se pode encontrar em toda a cidade; você jamais experimentou um melhor". E como Agib bebeu com grande prazer, Bedreddin Hassan pegou a porcelana e a ofereceu também ao eunuco, que bebeu em grandes goles todo o licor, até a última gota.*[5]

A etiqueta formal que acompanhava tais jantares era tanto mais rigorosa quanto mais alta fosse a classe dos comensais. Al-Warrâq, em *Kitâb al-Tabîkh*,

5 *Les Mille et une nuits* (trad. Galland.), t.I, XCIII nuit. Disponível em: <www.ebooksgratuits.com>.

Decantador de vinho. Livro do conhecimento de dispositivos mecânicos engenhosos, *al-Jazari, 1206*.

dedica um capítulo à *munâdama*, ou seja, a arte da mesa e da degustação de vinhos, cultivada pelos homens da elite, e estabelece, para tais ocasiões, as regras de comportamento na corte:

> *O* nadîm *que bebe com o rei deve ocupar o lugar que lhe é indicado, abster-se de sentar em um lugar mais elevado ou inferior. [...]. Não deve bocejar [...] não deve criar polêmicas sob o efeito da bebida, pois aquele que se comporta dessa maneira é um vilão. É necessário beber em pequenos goles, degustando [o vinho]. [...] Não elevar sua taça antes do rei, não se servir antes do rei, beber somente após ou ao mesmo tempo que ele.*[6]

Pompa, conforto, sofisticação extrema e luxuriante, constante atenção ao hóspede e às minúcias voltadas a seu bem-estar e prazer gastronômico. A sensualidade das *Mil e uma noites* se consubstancia ao longo da história de Nuruddin, jovem descendente de reis persas, recepcionado no palácio do califa al-Rachid por Samsunnahâr, sua concubina favorita:

> *[...] foi-lhes servido um banquete com boa comida. Uma serva negra parou diante deles, serviram cordeiros ainda não desmamados, galinhas gordas, confeitos açucarados, potes de picles, além de espécies que flanavam e voavam de seus ninhos, tais como perdizes, codornas e filhotes de pomba. O rapaz começou a comer, maravilhado.*
>
> *[...]*
>
> *Comemos comida saborosa e bebemos bebida deliciosa. Quando terminamos de fazer as duas coisas, foram-nos trazidas duas bacias douradas, e lavamos*

6 Sayyâr, *Kitâb al-Tabîkh*, in: Zaouali, *La Grande Cuisine arabe du Moyen Âge*, p.37.

as mãos; ofereceram-nos incenso, e nos incensamos; apresentaram-nos taças de ouro e cristal trabalhado em cujo interior havia estatuetas de cânfora e âmbar, cravejadas de várias classes de pedras preciosas, contendo almíscar e água de rosas; perfumamo-nos e retornamos aos colchões.[7]

Bayâd canta, acompanhado ao alaúde, em frente à nobre donzela e suas damas de honra. História de Bayâd e Riyâd, *Magrebe, séc. XIII.*

7 *Livro de mil e uma noites* (trad. Jarouche), v.2, Ramo Sírio. p.19.

Receitas

Cena de convescote, *Riza-i Abbasi, 1612.*

Coalhada fresca

Laban

Ingredientes

2l de leite
4 colheres (sopa) de iogurte ou
4 colheres (sopa) de coalho

Ferver o leite e deixar amornar a aproximadamente 30 ºC.
Transferir o leite para um recipiente refratário com tampa.
Acrescentar o iogurte ou o coalho em temperatura ambiente, mexer bem e tampar.
Envolver o recipiente com um pano de prato e cobrir com uma toalha ou manta para manter o calor.
Deixar repousar em temperatura ambiente por no mínimo 6 horas.
Levar à geladeira.

Coalhada seca

Labaneh

Ingredientes

1 porção de coalhada fresca
1 colher (chá) de sal
suco de 1 limão

Utilizar a coalhada fresca (ver receita na página 91) e acrescentar sal. Misturar bem e despejar em um pano de algodão fino. Amarrar bem as extremidades e pendurar em um local alto para escorrer o soro por aproximadamente 12 horas. Se a coalhada ficar muito seca, acrescentar 1 colher (sopa) de leite e misturar até ficar homogênea.
Levar à geladeira.
Na hora de servir, acrescentar o suco de limão.
Servir regada com azeite e decorar com folhas de hortelã.

Pasta de grão-de-bico

Homus

Ingredientes

250g de grão de bico
2 dentes de alho
2 colheres (chá) rasas de sal
½ xícara (chá) de suco de limão
150ml de água mineral
90g de tahine (pasta de gergelim)
Azeite de oliva a gosto

Deixar o grão-de-bico de molho de véspera. No dia seguinte, escorrer a água e lavar o grão-de-bico. Colocar na panela de pressão, cobrir com água e cozinhar por cerca de 40 minutos, em fogo médio, ou até os grãos ficarem cozidos. Coar a água restante.
No liquidificador ou processador, colocar os dentes de alho, o sal, o suco de limão, a água mineral e o tahine e bater.
Acrescentar aos poucos o grão-de-bico cozido até formar uma pasta firme e homogênea. Em seguida, transferir para um recipiente e levar à geladeira. Servir regado com azeite.

Pasta de berinjela

Baba ghannûj

Ingredientes

3 berinjelas de tamanho médio
100ml de tahine (pasta de gergelim)
100ml de água mineral
100ml de suco de limão
2 colheres (chá) rasas de sal
2 dentes de alho
Azeite de oliva a gosto
Salsinha picada a gosto

Lavar bem as berinjelas e levá-las diretamente à chama do fogo (médio), virando de todos os lados, até ficarem defumadas e murchas.
Em água corrente, retirar toda a casca e colocar as berinjelas em uma peneira para escorrer.
Cortar as berinjelas ao meio, descartar as pontas e picar.
Bater no liquidificador o alho, o tahine, o sal, o suco de limão e a água. Acrescentar as berinjelas, bater até formar uma pasta homogênea.
Levar a geladeira.
Servir regada com azeite, decorada com folhas de salsinha.

Pasta de gergelim

Tahine

Ingredientes

4 colheres (sopa) de pasta de gergelim
1 dente de alho
Suco de 1 limão
125ml de água mineral
Sal a gosto

Bater no liquidificador a pasta de gergelim, o dente de alho, o sal, o suco de limão e a água mineral até formar um creme.

Salada de aspargos

Salatet halyûn

Ingredientes

1 maço de aspargos frescos
2 colheres (chá) de sal
Pimenta-do-reino a gosto

Lavar bem os aspargos e deixar de molho por 15 minutos em solução clorada.
Enxaguar em água filtrada.
Cozinhar os aspargos em água fervente temperada com sal por 3 a 5 minutos (devem ficar *al dente*).
Colocar em uma tigela com água gelada para branqueá-los.
Em uma frigideira, aquecer o azeite, colocar os aspargos e temperar com sal e pimenta-do-reino a gosto.

Molho

½ xícara (chá) de mostarda doce
1 xícara (chá) de coalhada seca
2 colheres (sopa) de suco de limão

Misturar todos os ingredientes acima até formar uma pasta homogênea.

Para finalizar

Sal, pimenta-do-reino moída na hora e azeite de oliva a gosto
Raspas de limão
100g de pinhões (sem sal) dourados na manteiga

Colocar os aspargos em uma travessa, salpicar sal, pimenta-do-reino a gosto e regar com azeite de oliva.
Servir com raspas de limão, salpicados de pinhões.

Salada de trigo grosso

Salatet burghul

Ingredientes

100g de burghul *(trigo grosso)*
6 damascos secos picados
1 pepino japonês cortado em cubinhos
3 colheres (sopa) de lascas de amêndoas tostadas
½ xícara (chá) de grãos de romã fresca
½ xícara (chá) de cebolinha verde picada
½ xícara (chá) de folhas de hortelã médias
½ xícara (chá) de salsinha picada
3 colheres (sopa) de azeite de oliva
Suco de 1 limão
Sal e pimenta-do-reino a gosto
Grãos de romã para decorar

Lavar o trigo e deixar de molho em água morna por 30 minutos. Escorrer em uma peneira e espremer bem entre as mãos, para tirar o excesso de água. Colocar em uma tigela, acrescentar o resto dos ingredientes, misturar bem e acertar o sal e a pimenta-do-reino.
Levar à geladeira para esfriar.
Decorar com os grãos de romã.

Salada de berinjela e grão-de-bico

Fattet batinjân bi hummus

Ingredientes

1 xícara (chá) de grão-de-bico seco
2 berinjelas médias cortadas em cubos
2 pães pita cortados em quadradinhos
1 colher (sopa) de coentro em pó
2 xícaras (chá) de óleo de milho
3 colheres (sopa) de azeite de oliva
Sal a gosto
1 dente de alho triturado
2 xícaras (chá) de coalhada fresca ou iogurte natural

2 colheres (sopa) de pinhões tostados
Grãos de romã para decorar

Na véspera, cobrir o grão-de-bico com água e deixar de molho.

No dia seguinte, escorrer o grão-de-bico, lavar bem e cozinhar na panela de pressão por cerca de 40 minutos, em fogo médio, com água suficiente para cobrir os grãos.

Depois de cozidos, retirar da panela e coar a água restante. Reservar.

Em um recipiente, dispor os cubos de berinjela e salpicar sal por cima. Deixar por 10 minutos. Em seguida, enxugar a berinjela com papel toalha para tirar o excesso de água. Reservar.

Em uma panela, aquecer o óleo de milho e fritar os quadradinhos de pão pita, em fogo médio, até dourar. Secar em papel toalha. Reservar.

No mesmo óleo, fritar os cubos de berinjela até dourar. Colocar em papel toalha. Reservar.
Em uma frigideira, aquecer o azeite, adicionar o cominho e passar rapidamente os grãos-de-bico. Reservar.
Em um recipiente colocar a coalhada fresca, o alho e sal a gosto. Reservar.

Montagem do prato

Em uma travessa dispor as berinjelas misturadas ao grão-de-bico. Regar com a coalhada e decorar com pão pita, pinhões e sementes de romã.

Arroz com lentilha

Mjadra (mujaddara)

Ingredientes

Para o arroz com lentilhas:
200g de lentilhas
200g de arroz
1 cebola picadinha
2 dentes de alho amassados
2 xícaras (chá) de água quente para o arroz. Acrescentar mais água se necessário.
Sal a gosto

Para as cebolas que acompanham o prato:
8 cebolas grandes cortadas em rodelas finas
½ xícara (chá) de azeite de oliva
1 colher (sobremesa) de óleo
1 colher (chá) de açúcar

Cortar as cebolas em rodelas finas.
Em uma panela acrescentar o azeite, o óleo e o açúcar, mexer bem.
Fritar as cebolas aos poucos, até que fiquem douradas. Colocar em papel toalha para absorver a gordura. Reservar.

Lavar as lentilhas. Deixar de molho por 1 hora.
Lavar o arroz e deixar escorrer. Reservar.
Na mesma panela com o azeite em que fritou a cebola, refogar a cebola picadinha, o alho amassado e sal a gosto.

Refogar o arroz, acrescentar água quente e deixar cozinhar até ficar *al dente*.
Cozinhar a lentilha com 3 xícaras (chá) de água quente, sal a gosto, até ficar *al dente*.
Juntar o arroz à lentilha, deixar cozinhar por mais cerca de 5 minutos, acrescentando mais água se necessário.
Dispor em uma travessa e cobrir com a cebola frita.

Peito de frango com pistache

Fustuqiyya bi dajâj wa fustuq halabi

Ingredientes

6 peitos de frango
4 cebolas médias
250g de damascos picados
100g de pinhões (sem sal) tostados
Suco de 2 limões
2 colheres (sopa) de açúcar
4 colheres (sopa) de óleo

Esquentar 2 colheres (sopa) de óleo e dourar a cebola. Acrescentar os peitos de frango e dourar dos dois lados.
Juntar ½ xícara (chá) de água quente, cobrir a panela e deixar o frango cozinhar.
Em uma panela, colocar os damascos, o açúcar, o limão e a água. Mexer e deixar caramelizar.
Servir o frango regado com o molho de damasco decorado com os pinhões.

Almôndegas de cordeiro ao molho de coalhada quente

Bawdâq min lahm al hamal bi labaniyyah

Ingredientes

Almôndegas

½kg de paleta de cordeiro moída 2 vezes
1 cebola média ralada
1 xícara (chá) de hortelã fresca picada
1 colher (chá) de cominho moído
1 colher (chá) de pimenta-do-reino moída na hora
Sal a gosto
120g de manteiga sem sal
1 colher (sopa) de azeite

Folhas de hortelã e pinhões tostados para decorar

Em um recipiente, colocar a carne de cordeiro, acrescentar a cebola, a hortelã, a pimenta-do-reino e o sal. Misturar e amassar bem com as mãos. Fazer pequenas almondegas e reservar.
Em uma panela, aquecer a manteiga e o azeite e fritar as almôndegas, virando de todos os lados até ficarem douradas. Reservar.

Molho de coalhada quente

1l de coalhada fresca ou iogurte natural
250ml de água
2 colheres (sopa) de amido de milho dissolvido em um pouco de água

Sal a gosto
1 dente de alho triturado
1 colher de sopa de manteiga sem sal

Em uma panela, colocar a coalhada fresca ou o iogurte natural, acrescentar a água, o amido de milho e o sal. Misturar com um batedor de metal e levar ao fogo médio, mexendo sem parar até engrossar.

Em uma frigideira pequena, em fogo baixo, adicionar a manteiga, deixar derreter e acrescentar o alho. Fritar por alguns minutos e despejar sobre a coalhada quente. Misturar bem.

Colocar a coalhada em tigelas individuais, acrescentar as almondegas e salpicar com os pinhões.

Decorar com folhas de hortelã.

Arroz de açafrão

Aruzziyya bi-za'farân

Ingredientes

3 colheres (sopa) de azeite
1 cebola picada finamente
1 ½ xícara de arroz
3 xícaras (chá) de água quente
Sal a gosto
1 colher (chá) de pistilos de açafrão
3 colheres (sopa) de vinho branco
100g de uvas-passas deixadas de molho por 1 hora
200g de pinhões

Lavar e escorrer o arroz.
Aquecer o azeite e dourar os pinhões. Reservar.
Na mesma panela, fritar a cebola, juntar o arroz e refogar.
Acrescentar a água e o sal.
Colocar os pistilos de açafrão em uma concha com vinho branco e levar ao fogo para esquentar e assim obter melhor aroma e sabor. Juntar ao arroz e deixar cozinhar até o arroz ficar macio.
Quando estiver quase cozido, juntar as uvas-passas e os pinhões.

Paleta de cordeiro

Ibt al-hamal

Ingredientes

Paleta média de cordeiro
3 colheres (sopa) de azeite de oliva
2 limões (suco)
1 colher (chá) de cominho em pó
1 colher (chá) de cúrcuma em pó
1 colher (chá) de canela em pó
Sal e pimenta-do-reino a gosto
1 xícara (chá) de mostarda

Misturar todos os ingredientes acima para temperar o cordeiro. Massagear bem e deixar marinar na geladeira por 8 horas.
Em uma frigideira com azeite quente selar o cordeiro de todos os lados.
Preaquecer o forno a 200 ºC. Levar ao forno e deixar até que o cordeiro fique ao ponto.

Molho de hortelã
2 dentes de alho picado
Suco de 1 limão
2 xícaras (chá) de folhas de hortelã
½ colher (chá) de mel
Sal e pimenta-do-reino a gosto
½ xícara (chá) de azeite

Adicionar todos os ingredientes no liquidificador (menos o azeite). Bater regando com o azeite aos poucos, até a mistura ficar homogênea.
Servir acompanhado do molho de hortelã.

Escabeche de peixe

Samak al-sikbâj

Ingredientes
6 filés de robalo ou linguado
Sal e pimenta-do-reino moída na hora a gosto
Azeite de gergelim (pode substituir por azeite de oliva) para fritar os peixes

Temperar o peixe com sal e pimenta-do-reino.
Em uma frigideira, colocar o azeite de gergelim, esquentar e fritar os filés de peixe (3 a 4 minutos de cada lado). Reservar.

Molho escabeche
200ml de vinagre de vinho branco
100g de uvas-passas sem sementes
2 dentes de alho triturados
1 colher (sopa) de mel ou açúcar
Sal a gosto
2 colheres de chá de tomilho fresco
1 cebola picada
1 colher (sobremesa) de gengibre fresco ralado
1 colher (chá) de sumagre
Suco de 1 limão

Colocar o vinagre em um recipiente, adicionar as uvas-passas, o alho, o sal, o sumagre e o açúcar e deixar marinar por 1 hora.
Bater todos os ingredientes acima no liquidificador. Reservar.

Para decorar o prato

1 ou 2 limões sicilianos fatiados em rodelas
Folhas de tomilho para enfeitar
100g de pinhões dourados na manteiga
*2 cebolas roxas cortadas em rodelas finas, fritas (*al dente*) em azeite de oliva*

Finalização

Guarnecer ao redor da travessa com o limão fatiado, dispor os filés de peixe no centro, regar com o molho escabeche, salpicar com folhas de tomilho e a cebola frita. Decorar com os pinhões.

Katayef (atayef)

Ingredientes

Massa
1 xícara (chá) de farinha de trigo
1 colher (sopa) de açúcar
1 xícara (chá) de água
1 colher (sobremesa) de fermento biológico granulado

Em um recipiente, misturar o fermento na água, juntar a farinha e o açúcar, misturar bem até formar uma massa lisa e líquida. Deixar descansar por 1 hora. Cobrir com uma tampa ou filme plástico.

Em uma frigideira de 10cm de diâmetro antiaderente, esquentar e colocar ½ xícara (café) da massa e deixar cozinhar até formar furinhos e a massa ficar corada na parte em contato com a frigideira.

Retirar com uma espátula e dispor o disco da massa em uma superfície coberta com um pano de prato.

Passar papel toalha com um pouco de óleo na frigideira, entre um disco e outro, para que não grudem.

Repita esse processo com o resto da massa.

Obs.: a massa deve ficar com uma consistência parecida à massa de crepe, porém, mais grossa.

Recheio
200g de nozes picadas
½ xícara (chá) de açúcar

Misturar todos os ingredientes. Reservar.

Calda
2 xícaras (chá) de açúcar
1 xícara (chá) de água
Suco de ¼ de limão
2 colheres (sopa) de água de flor de laranjeira

Em uma panela, acrescentar a água, o açúcar e o suco de limão. Levar ao fogo baixo por aproximadamente 35 minutos, até a calda começar a ferver e formar borbulhas.

Acrescentar água de flor de laranjeira, deixar ferver por mais 1 minuto e apagar o fogo. A calda deve estar em um ponto antes do ponto de fio.

Deixar esfriar em temperatura ambiente.

Montagem
Rechear cada disco com duas colheres (chá) de nozes, dobrar ao meio, formando uma meia-lua e apertar as extremidades com o dedo.

Servir regada com a calda fria.

Creme de arroz com geleia de damasco

Muhalabiyya / Mhalabiyeh

Ingredientes

1l de leite
½ xícara (chá) de farinha de arroz
150g de açúcar
1 colher (chá) de miski triturado
1 colher (sopa) de água de flor de laranjeira ou de água de rosas
30g de pistaches (sem sal e sem torrar)

Dissolver a farinha de arroz no leite e acrescentar o açúcar.

Em uma panela levar a mistura para cozinhar em fogo baixo, mexendo sempre, até engrossar. Desligar o fogo.

Acrescentar o miski e a água de flor de laranjeira, misturar bem.

Colocar em taças, deixar esfriar e levar à geladeira.

Geleia

200g de damascos
½ xícara (chá) de açúcar
2 xícaras (chá) de água

De véspera, picar os damascos e colocar em uma tigela. Cobrir com água.

No dia seguinte, escorrer a água e reservar.

Bater no liquidificador o damasco com a água do cozimento e o açúcar até ficar um creme homogêneo.

Transferir o creme de damasco em uma panela e cozinhar em fogo médio.

Deixar esfriar.

Servir o creme de arroz guarnecido com a geleia de damasco e pistaches partidos.

Doce de frutas secas

Halwa athmâr mujaffafa

Ingredientes

200g de damascos secos
200g de tâmaras
200g de ameixas secas sem caroço
100g de figo seco
2 xícaras (chá) de uvas-passas
½ xícara (chá) de amêndoas levemente torradas
½ xícara (chá) de pistaches sem pele
2 colheres (sopa) de água de flor de laranjeira
1 ½l de água fria
Açúcar a gosto
1 unidade de canela em pau
Casquinhas de limão

Colocar todas as frutas secas em uma vasilha (cobrir com água), acrescentar açúcar a gosto e a canela em pau.

Aromatizar com água de flor de laranjeira.

Tampar a vasilha e deixar de molho por uma noite.

Levar as frutas para cozinhar em fogo médio com a água em que ficaram de molho. Cozinhar por 15 minutos, até as frutas ficarem tenras.

Retirar somente as frutas da panela e reservar.

Voltar a calda ao fogo por 10 minutos. Acrescentar as frutas secas.

Deixar esfriar e levar à geladeira por 2 horas.

Colocar em taças e enfeitar com amêndoas e pistaches.

Doce de semolina e amêndoas

Harîssat al-lawz (nammûra)

Ingredientes

500g de semolina
1 xícara (chá) de açúcar
100g de manteiga em temperatura ambiente
1 colher de sopa de fermento em pó químico
500ml de leite
50g de amêndoas sem pele partidas ao meio

Em um recipiente, misturar a semolina, o açúcar e a manteiga. Deixar repousar por 2 horas. Acrescentar o fermento e o leite, mexer bem até ficar uma massa homogênea.

Pré-aquecer o forno a 200 °C.

Untar uma assadeira, com manteiga, medindo 20cm x 30cm.

Despejar a massa e alisar levemente com a mão úmida para acertar o nível do doce na forma.

Quadricular a massa (6cm x 6cm).

Levar ao forno para assar por 45 a 50 minutos ou até que a massa esteja cozida.

Colocar no centro do quadrado 1 amêndoa e voltar ao forno para dourar.

Retirar do forno e regar o bolo com um pouco da calda enquanto ele estiver quente.

Reservar uma parte da calda para o momento de servir.

Calda

2 xícaras (chá) de açúcar
3 xícaras (chá) de água
Suco de ½ de limão
3 colheres (sopa) de água de flor de laranjeira

Levar ao fogo uma panela com a água e o açúcar.

Quando a calda atingir o ponto de fio fino, retirar do fogo e deixar esfriar em temperatura ambiente. Acrescentar a água de flor de laranjeira e o suco de limão.

Sorvete de pistache

Churbat al-fustuq

Ingredientes

1 xícara de chá de pistache tostado sem sal
1 ¼ xícara de chá de açúcar
4 gemas
2 xícaras (chá) de leite integral
300ml de creme de leite
½ xícara (chá) de iogurte ou coalhada
Pistache picado para decorar

Em um processador, moer o pistache juntamente com uma colher (sopa) de açúcar. Reservar.
Em uma tigela refratária, bater as gemas com o restante do açúcar até que a mistura fique homogênea e espumosa. Reservar.

Em uma panela, colocar o pistache moído, o leite e o creme de leite. Cozinhar em fogo médio.

Despejar o leite sobre as gemas, sem parar de mexer para não talhar.

Colocar um recipiente refratário com a mistura das gemas em uma assadeira com água quente e cozinhar em fogo baixo por aproximadamente 10 minutos, mexendo sem parar, até que a mistura fique espessa.

Retirar do fogo, tampar e deixar esfriar. Depois de frio, misturar o iogurte ou a coalhada.

Levar ao freezer. Quando começar a endurecer nas extremidades, retirar do freezer e bater no processador ou liquidificador, em velocidade média, até aumentar de volume, por aproximadamente 5 minutos.

Retornar a mistura para o recipiente e levar novamente ao freezer por 30 a 40 minutos. Quando a mistura começar a endurecer, retirar do freezer e repetir o mesmo processo. Retornar ao freezer.

Antes de servir, transferir para a geladeira e deixar 10 minutos.

Servir em taças decoradas com pistaches picados.

Refresco de iogurte com hortelã

Charâb al-laban wa na-na'na'

Ingredientes

1 copo de iogurte natural
1 copo de água gelada
2 colheres de mel
4 folhas de hortelã
1 colher (chá) de água de flor de laranjeira (opcional)

Bater todos os ingredientes no liquidificador.

Refresco de romã

Charâb ar-rumân

Ingredientes

2 copos de xarope de romã
1 copo de água (preferencialmente) com gás
Suco de 1 limão
Gelo
Sementes de romã

Bater no liquidificador o xarope de romã, a água e o gelo picado.
Servir com sementes de romã.

Índice das receitas

SOBRE O LIVRO

Formato: 21 x 21 cm
Mancha: 32,7 x 39,2 paicas
Tipologia: Adobe Caslon Pro 13/18
Papel: Couché fosco 150 g/m² (miolo)
Cartão Supremo 250 g/m² (capa)
1ª edição Editora Unesp: 2017

EQUIPE DE REALIZAÇÃO

Edição de texto
Marina Silva Ruivo (Copidesque)
Nair Hitomi Kayo (Revisão)
Safa Jubran – Profa. Dra. de língua e literatura árabe da Universidade de São Paulo (Revisão dos termos em árabe)
Maristela R. A. Marcondes (Tradução francês-português)
Roberto Nano (Pesquisa bibliográfica)

Editoração eletrônica e capa
Vicente Pimenta

Cozinha experimental
Dunia Naufal – Walima Gastronomia e Estilo

Assistência editorial
Alberto Bononi
Richard Sanches

MUNDIALGRÁFICA
www.mundialgrafica.com.br

Glossário

'adas – lentilha

'adasiyya – prato preparado com lentilha

al-bawdaq – almôndegas preparadas com carne pisada no pilão com especiarias. Podem ser fritas ou cozidas em caldo

al-ruz – arroz

al-sikbâj – molho escabeche

aruzziyya – prato a base de arroz

awarma (ou qâwarma) – método usado para o cozimento da carne de cordeiro ou carneiro preparado na banha do animal

baba ghanûj – pasta de berinjela condimentada com tahine, suco de limão, alho, sumagre, sal e azeite de oliva

bâdhinjân – berinjela

bah'sama – sorvete preparado com melaço de uva misturado à neve, entre outros sumos de frutas

baklawa (baqlâwa) – massa folhada recheada com pistaches ou amêndoas

bârida (pl. bawârid) – pratos frios servidos como entrada. Ex.: bawârid de legumes, de peixes ou frango

barniyya – jarra de boca larga

bawdaq – ver al-bawdaq

bâwoun – pilão

burghul (borgol ou bulgur) – conhecido como burghul em países do Oriente Médio e do Norte da África e como bulgur na Turquia. Feito de diferentes espécies de trigo, mas principalmente de trigo duro. No Brasil é designado trigo-sarraceno ou trigo para quibe

cássia – planta da família das leguminosas, cultivadas como ornamentais e medicinal, utilizada também como condimento

chebakia (shebbakiyya) – bolinhos de Ramadã dourados com açafrão

churba (sherab, sharab ou shorba) – designação para xarope, sucos de frutas e sorvetes

coriandro – planta da família das umbelíferas, nativa do Sudoeste da Ásia, mais conhecida no Brasil como coentro

cúrcuma – especiaria original da Índia, de cor alaranjada, muito parecida com o açafrão

dajâj – frango

dchudabah (djoudabah) – doce cremoso à base de arroz, açúcar e açafrão

diwan – sala de audiência do palácio dos califas, que se transforma em sala de recepção para convidados em festas e cerimonias

fonduqs – lojas ou bazares

furn – forno comunitário

fustuq – pistache

fustuqiyya – prato preparado com pistaches

galanga – erva da família das zingiberáceas, nativa de regiões tropicais da Ásia. Seu rizoma, de odor semelhante ao do gengibre, é utilizado como condimento

hachi – carne picada utilizada para recheio.

halâwa (ou halwa) – massa preparada com farinha, sementes de gergelim moídas e açúcar, enriquecido com pedaços de frutas, amêndoas, pistaches ou avelãs. Halâwa também é designação geral para confeitos, drágeas e geleias de frutas adoçadas com mel ou açúcar

halyûn – aspargos

haruniyya – prato de autoria do califa Haroun al-Rachid

Hazâr Afsâna – literalmente, "Mil Contos": nome persa da obra *Mil e uma noites*

helénio – planta conhecida também como erva-campeira, cuja raiz é utilizada como ingrediente aromático na culinária e na fabricação de bebidas

hommus – pasta de grão-de-bico temperada com tahine, suco de limão, cominho, alho e azeite

ibrâhîmiyya – prato de autoria de Ibrâhîm al-Mahdî

jawdâba (judhâba) – torta (termo de origem persa)

kadis – magistrado muçulmano com funções civis e religiosas

kataif – massa folhada recheada com pistaches e amêndoas

katayef (atayef) – doce com panquecas recheadas com nozes ou queijo, regadas com calda de água de rosas ou de flor de laranjeira

khânes (khânis ou khân) – bazares ou lojas

khushknanaj – do persa *khushk* (seco) e *naj* (massa folhada). Massa folhada em forma de losango, recheada com pasta de amêndoas ou nozes e embebida em calda de açúcar e flor de laranjeira ou água de rosas

kichk – espécie de farinha preparada com burghul cozido ao leite ou na coalhada com ervas desidratadas, fermentada durante uma semana e seca ao sol

laban – coalhada fresca

labaneh (ou labanah) – coalhada seca

labanie (labaniyyah) – molho quente de coalhada

lauzinaj (lawzinaj ou lawzinaq) – massa folhada recheada de amêndoas ou nozes, geralmente embebida com água de rosas ou de flor de laranjeira

laymûn – limão

laymuniyya – prato preparado com limão

ma'muniyya – prato de autoria do califa al-Mamun

mahalabiya – creme à base de leite, creme de arroz e açúcar, servido com geleia de damascos

marzuban – marzipã (nome de origem persa)

misk – almíscar: resina vegetal utilizada para aromatizar doces. É encontrada na forma de pequenas pedrinhas transparentes que devem ser moídas antes de serem usadas

munâdama – arte da mesa

murrî – condimento fermentado (por mais de três meses), de longa conservação, produzido à partir de trigo ou cevada, amalgamado com azeite de oliva e água, encorpado com pão seco e macerado em jarros; muito semelhante ao molho de soja

mutajjan (mutajjanãt) – nome genérico para aves

mutajjana ibrâhîmiyya – frango à moda de al-Mahdî

nadîm – amigo e mentor dos califas

nibâtiyya – sopa de grão de bico, frango, itryya (fios de massa), queijo de cabra, especiarias, agua de rosas e ovos cozidos para decorar

olíbano – goma-resina aromática utilizada especialmente como incenso e em perfumaria, obtida de árvores africanas e asiáticas do gênero Boswellia

râïb – palavra de origem árabe, equivalente a shîrâz (de origem persa); designa carnes maceradas em leite fermentado ou em suco de frutas

rumman – romã

rummaniya – prato preparado com romãs

sambusaj (sambasaj, sambusak) – iguaria similar ao rissole, em formato de triângulo, que pode ter diversos tipos de recheio, como carne moída, queijo, espinafre, sempre condimentados com ervas, pimenta e canela; pode ser frito ou cozido. Há também as versões doces, recheadas com amêndoas ou frutas secas

samn – manteiga clarificada. Forma de conservação da manteiga fresca, obtida ao se derreter a manteiga comum em fogo baixo, deixando-a cozinhar e retirando toda a espuma que se forma com a fervura, tornando-a clara, dessalgada e desidratada. Acondicionada em recipientes de louça, a manteiga pode ser conservada por muito tempo fora da geladeira

shabbût – carpa

shorba – ver churba

sikbâj (ou sibâgh) – ver al-sikbâj

sik – vinagre

summâq (sumagre) – planta da família das anacardiáceas cujas folhas secas trituradas são usadas como condimento; possui cor avermelhada e sabor ácido

tahina (tahine) – pasta preparada com sementes de gergelim tostadas

tannûr – forno caseiro, de barro, em formato cilíndrico, usado para assar pães e carnes

taratur (tarator) – molho composto de tahine, suco de limão, alho, sal, ervas e água

tharîd – sopa preparada com legumes, carne e pão

zaytûn – azeitonas

zulabiya – massa doce em forma de bastonete, colorida com açafrão, frita, regada com calda de mel e água de rosas

Referências bibliográficas

AL-TIQTAQÂ, Ibn. *Histoire des dynasties musulmanes*. Coleção Archives Marocaines, v. XVI. Paris: Ernest Lenoux, 1910.

AL-YA'QUBI. *Kitab al-Buldan*. In: GOEJE, M. J. (Ed.). *Bibliotheca Geographorum Arabicorum*. v.7. Leiden (HO): E. J. Brill, 1892.

______. *Livre des pays*. Trad. Gaston Wiet. Paris: Institut Français d'Archéologie Orientale, 1937.

AS MIL E UMA NOITES. Vers. Antoine Galland, trad. Alberto Diniz. Apresentação de Malba Tahan. Rio de Janeiro: Nova Fronteira, 2015.

ASHTOR, E. Essai sur l'alimentation des diverses classes sociales dans l'Orient médiéval. In: *Annales. Économies, Sociétés, Civilisations*, ano 23, n.5, 1968, p.1017-53.

BANCOURT, Pascal. *Les Mille et une nuits et leur trésor de sagesse*. Labège (FR): Éditions Dangles, 2007.

BORGES, Jorge Luis. *Borges oral & sete noites*. São Paulo: Companhia das Letras, 2011.

BRAUDEL, Fernand. *O Mediterrâneo e o mundo mediterrâneo na época de Felipe II*. São Paulo: Edusp, 2016.

CHEBEL, Malek. *Traité des bonnes manières et du raffinement en Orient*. Tomo I. Paris: Payot, 2012.

CLOT, André. *Haroun al-Rachid et le temps des Mille et une nuits*. Paris: Librarie Arthème Fayard, 1986.

GALLAND, Antoine. *Les Mille et une nuits de famille*. Paris: Éditions Garnier, c.1890.

GARCIN, Jean-Claude. *États, sociétés et cultures du monde musulman médiéval (Xe XVe siècle)*. Paris: PUF, v.2, 2000.

GOODY, Jack. *Renascimentos: um ou muitos*? São Paulo: Editora Unesp, 2011.

HOUAISS, Antonio. *Dicionário Houaiss da língua portuguesa*. Rio de Janeiro: Objetiva, 2009.

JAZI, Radhi; ASLI, Farouk O. La Pharmacopée d'Avicenne. *Revue d'Histoire de la Pharmacie*, ano 86, n. 317, 1998, p.8-28. Disponível em: <http://www.persee.fr/web/revues/home/prescript/article/pharm_0035-2349_1998_num_86_317_4582>. Acesso em: 5 maio 2017.

KANANAFANI-ZAHAR, Aïda. *Le Mouton et le mûrier*. Rituel du sacrifice dans la montagne libanaise. Paris: PUF, 1999. Resenha de: REGOURD, Annie. *Revue de l'Histoire des Religions*, t. 221, n.1, 2004, p.116-119.

LE LIVRE DES MILLE ET UNE NUITS. Trad. Joseph Charles Mardrus. Bruxelas: Les Éditions La Boétie, 1947.

LES MILLE ET UNE NUITS. Trad. Antoine Galland. t. 1. Ebooks Libres et Gratuits, 2005.

LÉVI-PROVENÇAL, Évariste. *Les Manuscrites arabes de Rabat*. Paris: Éditions Ernest Leroux, 1921.

LEWIS, Bernard. *Les Arabes dans l'histoire*. Paris: Flammarion, 2011.

LIPPMANN, Edmund O. von. *História do açúcar*. t. 1. Rio de Janeiro: Instituto do Açúcar e do Álcool/Leuzinger S.A., 1941.

LIVRO DAS MIL E UMA NOITES. Trad. do árabe por Mamede Mustafa Jarouche. São Paulo: Globo, 2012.

MAÇOUDI. *Le Prairie D'or*. t.8. Collection d'Ouvrages Orientaux. Paris: L'Imprimerie Nationale, 1861.

MARÍN, Manuela: Los recetarios árabes clássicos: ¿documentos históricos? In: ______; PUENTE, Cristina de la (Orgs.). *El banquete de las palabras: la alimentación en los textos árabes*. Madri: Consejo Superior de Investigaciones Científicas, 2005. p.29-56.

MAZAHÉRI, Aly. *La Vie quotidienne des musulmans au Moyen Âge*: X au XIII siècle. Paris: Hachette, 1951.

______. *L'Âge d'or de l'Islam*. Paris: Hachette, 1951.

MIQUEL, André. *L'Islam et sa civilisation*. Paris: Armand Colin, 1968.

NASRALLAH, Nawal. *Annals of the Caliphs' Kitchens*. Ibn Sayyãr al-Warrâq's tenth-century Baghdadi cookbook. Boston: Leiden, 2007.

ROSENBERGER, Bernard. Diétetique et cuisine dans l'Espagne musulmane du XIII siècle. In: REDON, O.;

SALLMANN, L.; STEINBERG, S. (Orgs.). *Le Désir et le goût*: une autre histoire (XIII-XVIII siècles). Saint--Denis (FR): Presses Universitaires de Vincennes, 2005.

SANCHEZ, Garcia. La Consommation des épices et des plantes aromatiques en al-Andalus. *Médiévales*, n.33, 1997, p.41-53.

TROUPEAU, Gérard. Les Aphorismes de Jean Mésué. In: *A l'ombre d'Avicenne: La médecine au temps des califes*. Paris: Institut du Monde Arabe, 1997.

WAINES, David. *La Cuisine des califes. L'Orient gourmand*. Paris: Actes Sud, 1998.

ZAOUALI, Lilia. *La Grande Cuisine arabe du Moyen Âge*. Milão: Officina Libraria, 2010.